"认识中国·了解中国"书系

"十三五"国家重点出版物出版规划项目

中央和国家机关"强素质·作表率"读书活动推荐图书

中国智慧

十八大以来中国外交

金灿荣 等 著

中国人民大学出版社

·北京·

本书撰写人员

金灿荣　戴维来　周鑫宇　孙西辉　汪曙申

康　晓　董春岭　郭振家　王　浩　熊李力

目　录

China's **Wisdom**

第 1 章

十八大以来中国外交理论和实践创新回顾与展望

1

十八大以来中国外交理论和实践创新回顾与展望

党的十八大以来，以习近平同志为核心的党中央，开启了当代中国内政治理、外交开拓的新征程。近年来，中央高瞻远瞩，锐意开拓，准确把握国际纷纭变化的复杂局势，披荆斩棘，先后提出了一系列重大的外交新思想、新理念，形成了许多新特点、新风格，塑造了外交新方位、新目标，开启了中国特色大国外交新时代，中国外交进入了一个崭新的时期。

第一节　当前中国外交的国际背景

当今世界正在发生深刻复杂的变化，我国实现中华民族的伟大复兴也正迎来关键的时刻。当前，深刻认识我国“战略机遇期”面临的国际环境，有助于我们保持战略定力，增强发展自信。

新世纪国际局势变化总体上有利于中国的快速发展。冷战结束以来，以美国为首的西方并未改变冷战思维，仍希望四面“称霸”，因此，对中国和俄罗斯这两个地区大国不断实施围堵战略。其步骤，在欧洲是加紧北约“东扩”，在亚洲是加紧构筑围堵中国的“岛链战略”。但“9·11”事件的发生中断了美国的亚太战略，美国于是开始转向“反恐”，并经阿富汗战争、伊拉克战争之后在中东地区越陷越深。2008年以来美国的次贷危机和欧洲的债务危机，凸显美欧的实力出现了进一步下滑。当前，以美欧介入中东“阿拉伯之春”为因，以中东大乱、伊斯兰教极端势力崛起为果，美欧正陷入更加难以应付的“伊斯兰国”危机和难民危机，再加上英国脱欧公投通过后欧盟面临着分裂危机，整个欧洲社会“右倾化”和“保守化”非常严重。由此可见，所谓的欧美治理方式或模式存在重大的缺陷。

中国国际环境的深刻变化预示着当前世界局势更加动荡不安，中国有可能正面临着一个日益失序的世界。这样的国际环境对中国产生了两方面的影响：一方面，美欧发展停滞会严重影响中国的对外出口，中国需要降低外贸依赖程度；另一方面，中国为了维护不断“走出国门”的

大规模难民潮让欧洲多国疲于应付。图为 2015 年 9 月，
匈牙利架起铁丝网封锁边界，阻止难民涌入

国家利益，在国际舞台上必须发挥越来越大的作用。

改革开放近 40 年来，中国的经济实力和国际地位迅速提升。2001 年，中国的 GDP 在世界排名是第六位；2010 年，中国则超过日本，成为 GDP 世界排名第二的国家，仅次于美国。中国的国际地位也在不断提升，尤其是表现在重大国际事务的参与上。中国当前在联合国、世界银行、上海合作组织（简称上合组织）、东亚峰会等国际组织的影响力在不断加大。更加乐观的预计是，中国当前的崛起并不是完成时，而是进行时，未来中国即便是 GDP 超越了美国之后仍可能继续保持中高速增长相当长的时间。

回想改革开放之初，中国既缺资金又缺技术，更重要的是对于前方的道路没有明确的蓝图可以照搬。所以说，中国今天的发展成就从发展中国家的视角看更加显得伟大和杰出。中国的崛起和西方面临一系列危机，彰显了某种程度的道路自信。中国并没有在西方鼓吹的“中国崩溃论”中走向崩溃，而是持续地逐渐发展壮大。当然，中国的快速崛起也招致了美国乃至西方的担忧和猜疑。

20 世纪 90 年代初冷战结束以来，中美关系几经波折。美国作为世界上唯一的“超级大国”，对中美关系的主导性和对中国外交环境的影响力不容忽视。冷战后迄今，中美关系经历了三个阶段的起伏。第一个阶段是90年代美国寻找“假想敌人”。这个时期，美国调整了冷战时期中美“准同盟”的关系，将战略矛头对准中国，但由于中国实质上并不能对美国构成重大挑战，因此，在1996年台海危机和1999年南联盟“炸馆危机”中，中国采取了事实上的克制态度，美国也在短期敌对之后与中国缓和了关系。第二个阶段是小布什时期对华“战略竞争者”的定位被“9·11”事件打断。“9·11”事件发生后，美国开始一心一意“反恐”，“反恐”一定程度上需要借助俄罗斯和中国的力量。在2005年，美国官方将中国定位为“利益攸关方”，希望对中美关系进行某种规划和约束。中国则利用这个战略机遇期不断发展壮大自己。第三个阶段，美国奥巴马政府的“亚太再平衡”战略给中国造成多方面的战略压制。奥巴马政府后期，美国将伊拉克和阿富汗的军力大部分撤回，不断加强对中国的防范和对中国周边事务的介入。从钓鱼岛问题、南海问题、朝鲜半岛问题，到缅甸、越南、菲律宾、澳大利亚、新加坡等地，美国通过不断介入来增强其存在感。甚至于在中国的台湾问题、香港问题、涉藏问题等属于中国内政的问题上美国也一直在指手画脚。当前，在美国的强力介入下，“三海（东海、南海、台海）一半岛（朝鲜半岛)”同时出现了不稳定的苗头。当前，中美关系又面临着新的不确定性。2016年11月，语惊四座、令人捉摸不透的特朗普当选美国第45任总统，其竞选政策的一个重要内容就是指责中国抢走美国工人的饭碗，明确把中国列为贸易反制对象；12月初又史无前例地与台湾当局领导人蔡英文通电话；此后，又宣称美国何必坚持“一个中国”政策，不断挑战中国的底线与中美关系的政治基础。2017年1月正式就任总统后，虽经双方努力，特朗普承诺尊重和坚持“一个中国”政策，不过其能否真正坚持、不会反复还有待观察。这种情形下的中美关系还处在一个磨合期、相互调适期。

从以上分析可以看出，中国不断崛起的同时伴随着国际环境的复杂化和美国“亚太再平衡”战略的实质化，如果要继续改善中国的外交环

特朗普给中美关系带来了不确定性，中美关系面临新挑战

境，那么中国的外交政策和理论既需要依托于现实，又应该高于现实来谋划。

第二节　十八大以来中央关于外交理论的创新成果

十八大以来，面对日益复杂的国际局势和中国崛起过程中出现的新挑战、新要求，中国外交既需要找准自身定位，又需要加强中国与世界的关系，进一步拓宽中国的发展空间。四年多来，中国领导人只争朝夕，不断开拓进取，逐渐勾勒出较为完整的外交蓝图。

（一）提出外交工作总体目标和崭新的国家定位

长期以来（至少是改革开放以来），中国的自我定位一直是“发展中国家”“东亚地区大国”。这样的“地区大国”的国家定位是基于我国长期发展落后的整体国情，我国相应的外交目标也主要是为国内的经济发展保驾护航，这显然是一种处于守势的外交姿态。今天，随着中国与世界各地经贸联系的加强，中国经济和安全纷纷“走出国门”，中国国家利益变得日益“全球化”，原来的目标定位不仅与经济和社会的发展不一致，还会影响我国国家利益的正当维护。因此，新一届中央领导集体上台以来，锐意进取，大胆创新，首次提出了中国的外交工作总体目标，即“构建具有中国特色的大国外交”，明确指出了中国的世界大国定位，也指出了外交必须服务于中华民族的伟大复兴。

从“中国梦”到“外交工作总体目标”是中国外交服务于中国国家发展的重要体现。2012 年 11 月，习近平总书记在参观《复兴之路》展览时，提出了实现中华民族伟大复兴的中国梦。2013 年 3 月，新一届国家领导人换届完成，习近平总书记再次畅谈中国梦：实现中华民族伟大复兴的中国梦，就是要实现国家富强、民族振兴、人民幸福。2014 年 11 月 28 日至 29 日，中央外事工作会议在北京举行，习近平总书记在会上发表重要讲话，这次讲话首次提出了我国外交工作总体目标，即高举和平、发展、合作、共赢的旗帜，统筹国内国际两个大局，统筹发展安全两件大事，牢牢把握坚持和平发展、促进民族复兴这条主线，维护国家主权、安全、发展利益，为和平发展营造更加有利的国际环境，维护和延长我国发展的重要战略机遇期，为实现“两个一百年”奋斗目标、实现中华民族伟大复兴的中国梦提供有力保障。

实现“两个一百年”奋斗目标、实现中华民族伟大复兴的中国梦是中国共产党领导一切工作的最高纲领。此次外交工作总体目标不仅阐述了当前中国要举什么样的旗帜，而且再次提到了“国内国际两个大局”的统筹和“发展安全两件大事”的统筹，并提出了外交工作的具体目标是“为和平发展营造更加有利的国际环境，维护和延长我国发展的重要战略机遇期”。可见，外交工作新定位实际上是全面覆盖现有的外交格局，并且也全面指导未来外交工作的展开。

（二）明确倡导“人类命运共同体”和推动以合作共赢为核心的新型国际关系

十八大报告中明确提出，“要倡导人类命运共同体意识，在追求本国利益时兼顾他国合理关切，在谋求本国发展中促进各国共同发展”。此后，习近平在会见外国人士时指出，国际社会日益成为一个你中有我、我中有你的命运共同体，面对世界经济的复杂形势和全球性问题，任何国家都不可能独善其身。2015 年 9 月，习近平主席在第七十届联合国大会一般性辩论时的讲话中指出：“当今世界，各国相互依存、休戚与共。我们要继承和弘扬联合国宪章的宗旨和原则，构建以合作共赢为核心的新型国际关系，打造人类命运共同体。”特别是受英国脱欧、美国特朗普上台影响，欧美反全球化思潮抬头，国际社会普遍担心世界贸易和全球经济受到冲击。在这种情形下，习近平主席在 2017 年 1 月出席达沃斯世界经济论坛 2017 年年会开幕式并发表主旨演讲，强调要坚定不移推进发展开放型世界经济，引导好经济全球化走向，打造富有活力的增长模式、开放共赢的合作模式、公正合理的治理模式、平衡普惠的发展模式，牢固树立人类命运共同体意识，共同担当，同舟共济，共促全球发展。

实际上，世界历史上无数次的斗争和冲突表明，地区主义、小团体主义甚至霸权主义，严重影响了世界的和平与稳定。西方长期以来追求以零和的方式实现局部的和平，结果也往往带来了其他区域的混乱，是极其不可取的。中国的发展不会牺牲别国的利益，更不会给其他地区带来灾难和动乱；相反，中国的发展不仅有助于周边地区的发展和稳定，也有助于世界的发展与稳定。因此，中国秉持的“人类命运共同体”理论和推动构建的以合作共赢为核心的新型国际关系，不仅有助于解决当前的“大国困境”，还有助于解决当前人类面临的一系列问题，包括发展问题、环境问题、安全问题等。

（三）提出中国真正意义上的全球战略

新中国成立 60 多年来，中国外交长期是以地区战略为主。尽管中国与世界其他区域之间的联系在不断加深，但是在外交战略的规划方面仍存在一定的滞后性。新一届领导人上台以来，高瞻远瞩，放眼全球，谋划了两个重要的全球战略，成为中国中长期外交战略的两个重要抓手。这两个抓手，往西是“一带一路”，往东是亚太自贸区，东西兼顾，盘活了中国的整个外交，也为中国的长期经济发展注入新的活力。

2013年，习近平在访问中亚和东南亚时，分别提出建设“丝绸之路经济带”和“21世纪海上丝绸之路”的倡议。建设“一带一路”，是党中央做出的重大战略决策，是实施新一轮扩大开放的重要举措。习近平形象地指出，这“一带一路”，就是要再为我们这只大鹏插上两只翅膀，建设好了，大鹏就可以飞得更高更远。“一带一路”旨在借用古代丝绸之路的历史符号，高举和平发展的旗帜，积极发展与沿线国家的经济合作伙伴关系，共同打造政治互信、经济融合、文化包容的利益共同体、命运共同体和责任共同体。

亚太自贸区则是中国的另一只“活眼”（围棋术语）。中国是一个亚洲国家，中国与亚洲国家加强联系完全符合中国的地缘经济利益。亚太地区于1989年成立的亚洲太平洋经济合作组织（简称亚太经合组织）目前已经发展得十分完善，其影响十分巨大。此外，亚太地区占世界人口的40%、经济总量的57%、贸易总量的48%（2014年数据），是全球经济发展速度最快、潜力最大、合作最为活跃的地区，是世界经济复苏和发展的重要引擎。因此，在20世纪90年代初东盟发起东亚区域合作进程，之后逐步形成了包括东盟与中日韩（10+3）、东盟分别与中日韩（10+1）在内的一系列以东盟为核心的区域合作机制。2010年1月1日，中国—东盟自贸区正式全面启动，成为亚太经合组织内部发展比较成熟的区域性自贸区。2010年横滨亚太经合组织部长级会议上达成了协议，将在各国之间达成的43项双边及小型自由贸易协定的基础上，在亚太地区建立自贸区。2014年11月4日，中国商务部部长助理王受文在北京回应，建设亚太自贸区是亚太经合组织21个成员的一致愿景，“已经得到了可以说是所有成员的一致支持”，“不存在阻止和冲突的事”。亚太自贸区的建设，将成为中国和亚洲各国加强经济融合，抵御外来经济和金融风险，甚至抗衡其他区域组织竞争的重要力量。

（四）针对不同性质的国际关系提出不同的外交定位

以习近平同志为核心的党中央在处理复杂国际关系的时候，灵活务实，在“合作共赢”的大政策下，有的放矢地提出了许多新的目标定位和新的政策主张，丰富了中国的外交格局。

1. 中美共建的新型大国关系

中美关系在中国外交中占据十分重要的地位。可以预期的是，随着实力衰落，美国的焦虑一定会增加，其对中国的外交围堵和防范将长期存在。中国外交如何化解这一不利态势，避免所谓的“修昔底德陷阱”，不仅考验中国领导人的智慧，也将决定中国是否能够和平崛起。

2012 年 5 月 3 日，在北京举行中美战略与经济对话，双方把构建中美新型大国关系作为主题，这一概念被高调推出。新型大国关系是以相互尊重、合作共赢的合作伙伴关系为核心特征的大国关系，是新崛起国和既成大国之间处理冲突和矛盾的新方式，之后中国领导人在多个场合提到了这一概念。不可否认，对于新型大国关系的概念，中方提得多一些，美方提得少一些。中方希望借此加强两国合作和体现相互尊重，美方却对此充满疑虑和不愿马上放弃成见，但中国应该对此持乐观态度。因为越来越多的美国学者已经认识到，中美的共存共治将是大国关系的未来，所以，新型大国关系是我方掌握话语主动权的理论创新。

2. 中俄和中欧的战略伙伴关系

冷战结束以来，俄罗斯和中国一直是好邻居和好伙伴。近几年，随着俄罗斯经济发展的停滞和北约“东扩”对俄罗斯外部环境的压制，俄罗斯与中国的关系呈现出一定的强化势头，双方在能源、经贸、军事、地缘安全等多方面保持密切合作姿态。2016 年是中俄战略协作伙伴关系建立 20 周年，2014 年两国更是进入了全面战略协作伙伴关系新阶段，因此，当前的中俄关系可以说是大国构建和谐、建设性、平等信任、互利共赢关系的典范。

中欧关系也是世界上最重要的双边关系之一，对推动中国和欧洲各国及地区和世界的和平与发展都具有战略意义。1975 年，中国与欧洲经济共同体（欧盟的前身）建立外交关系，双方的交流揭开崭新的一页。20 世纪末以来，中欧连续登上合作伙伴关系、全面伙伴关系、全面战略伙伴关系三个台阶。2014 年 3 月底 4 月初，习近平主席作为国家元首首次访问荷兰、法国、德国、比利时和欧盟总部。这次历史性访问是为中欧关系“定方向”之旅、为中欧合作“提速度”之旅、推动中欧关系战略性“上水平”之旅。中欧领导人不仅回顾和评估了双方关系发展成果，而且对未来关系发展进行顶层设计规划，使中欧关系在新的历史条件下更具全球性、战略性和示范性。

3. 中国与周边关系：亲、诚、惠、容

中国与周边各国是天然的邻居关系，所谓“远亲不如近邻”，中国与邻国的经济、贸易、文化等多领域的交流，是夯实中国与周边各国关系的重要基础。此外，所谓的“中国威胁论”，就是假定中国崛起以后会以武力的方式威胁周边国家的安全。因此，2013 年 10 月在周边外交工作座谈会上，习近平总书记提出了坚持与邻为善、以邻为伴，坚持睦邻、安邻、富邻，突出体现亲、诚、惠、容的理念。“亲、诚、惠、容”这四字箴言，是新形势下中国坚持走和平发展道路的生动宣言，反映了中国新一届中央领导集体外交理念的创新发展。这一理念也将中国与周边国家连成休戚与共的命运共同体。

4. 中非关系与中拉关系：友谊合作

中国和非洲有着深厚的传统友谊和良好的合作关系，经受住了时间和国际风云变幻的考验，堪称发展中国家间关系的典范，并在新形势下得到进一步巩固和加强。2006 年，北京召开了中非合作论坛北京峰会暨第三届部长级会议。2015 年 12 月 10 日，中国国家主席习近平在中非合作论坛约翰内斯堡峰会开幕式上发表了题为《开启中非合作共赢、共同发展的新时代》的致辞，系统阐述了中非关系的新理念、新政策、新主张。习近平主席在致辞中表示，中方愿在未来 3 年同非方重点实施“十大合作计划”，涉及工业化、农业现代化、基础设施、金融、绿色发展、贸易和投资便利化、减贫惠民、公共卫生、人文、和平与安全十个领域。为确保“十大合作计划”顺利实施，中方决定提供总额 600 亿美元的资金支持。“十大合作计划”内容之丰富、力度之大、覆盖面之广，堪称论坛历次会议成果之最，充分体现了中方对非洲经济和社会实现包容性和可持续发展的坚定支持，得到非洲国家的积极响应和热烈支持。

拉丁美洲各个国家也是中国发展中国家外交的重要部分。在过去 4 年多时间中，习近平主席与所有拉美和加勒比建交国家领导人实现了会晤。此外，中国—拉美和加勒比国家共同体论坛的成立是中拉关系史上的创举，中拉全面合作伙伴关系的建立进一步完善了中国遍布全球的伙伴关系网络。2015 年 1 月，习近平主席出席在北京举行的中国—拉美和加勒比国家共同体论坛首届部长级会议开幕式并致辞。此次会议的成功举行，标志着中国特色大国外交理念和实践的不断创新。

5. 中国与中东关系：务实合作

中东是世界重要的能源产区，也是历史上世界性大国竞争的重要场所，历来被称为“大国力量的试金石”。中国既希望中东能够维持稳定的原油生产，又希望其在“一带一路”中扮演关键的和重要的角色。2016 年 1 月 19 日至 23 日，中国国家主席习近平先后访问沙特阿拉伯、埃及、伊朗，成为中国“十三五”开局之年中国外交的开篇之作，凸显了中国与中东的友好关系和中国在该地区不断增加的影响力。在此期间，中沙两国元首达成多项重要共识，一致决定建立中沙全面战略伙伴关系。在此框架下，中沙双方愿努力发展政治领域、能源领域、务实合作领域、安全领域、人文领域以及地区和国际事务等领域的合作。另外，两国元首一致同意建立两国高级别委员会，以指导和协调双方各领域合作。中埃两国元首见证了两国在电力、基础设施建设、经贸、能源、金融、航空航天、文化、新闻、科技、气候变化等领域多项双边合作文件的签署，并共同为中埃苏伊士经贸合作区二期揭牌。习近平主席和伊朗总统鲁哈尼共同见证了《中华人民共和国政府和伊朗伊斯兰共和国政府关于共同推进丝绸之路经济带和 21 世纪海上丝绸之路建设的谅解备忘录》以及能源、产能、金融、投资、通信、文化、司法、科技、新闻、海关、气候变化、人力资源等领域多项双边合作文件的签署。

众所周知，沙特阿拉伯和伊朗在地区议题处理上分歧很大，竞争性很强，而中国同时访问这两个国家，说明了中国对中东地区的影响力不断上升，也彰显了中国实现“一带一路”倡议的坚定信念。当然，中国历来积极推动中东和平进程，主张通过对话来解决中东各种热点问题。不光是与沙特阿拉伯和伊朗双方，中国还同巴勒斯坦和以色列双方都保持着良好关系。可见，中国在中东问题上的立场是一贯的、公正的、客观的、可信赖的，这一点得到了各方的认可和赞赏。中国的“一带一路”倡议在中东国家推进经济建设、促进社会稳定等方面也能够发挥重要作用，对中东地区实现和平与发展具有积极意义。

综上所述，中国在大国外交、发展中国家外交、周边国家外交、地区外交等领域均不缺席。当前的中国外交愈发走向成熟，“立体、多元、跨越时空”的中国外交格局已经建立。中国的外交风格坚持“结伴不结盟”，中国特色的全球伙伴关系网络已经逐渐布局完成。中国在外交实践中全球伙伴的层次感符合世界外交格局和中国的外交需要。此外，中国非常重视各个地区的支点国家，希望与这些支点国家一道为各地区和平与发展做出积极贡献。

（五）强化中国在国际机构建设中的参与，在重大国际问题上积极提出中国方案

随着中国经济实力和国际地位的提升，中国在国际上的话语权和责任也应该相应得到提升。党中央高度重视以中国为主的国际机构的建设和以中国为主场的国际会议的举办，希望通过这样的契机，在国际舞台上凸显中国的声音，扩大中国的影响力。

例如，随着金砖国家（指中国、俄罗斯、巴西、印度和南非五国）影响力的不断扩大，金砖国家新开发银行（简称金砖银行）成立，促进了五国经济交流与发展。根据协议，该银行总部设在中国上海。2016 年 9 月 4 日，习近平主席出席在中国杭州举行的金砖国家领导人非正式会晤，他在欢迎辞中强调，金砖国家是新兴市场国家和发展中国家的领头羊，我们要推动新兴市场国家和发展中国家在国际事务中发挥更大的作用。再如，2013 年 10 月 2 日，习近平在同时任印度尼西亚总统苏西洛

会谈时表示，为促进本地区互联互通建设和经济一体化进程，中方倡议筹建亚洲基础设施投资银行（简称亚投行）。2015 年 6 月 29 日，57 个创始成员国的高级官员齐聚北京，签署了《亚投行章程》。2016 年 1 月 16 日，备受瞩目的亚投行正式开业。同年 9 月 3 日，加拿大财政部部长比尔·莫诺宣布加拿大将正式申请加入。共建亚投行是中国积极融入国际社会的一个创举，充分彰显了中国与世界各国在一起建立利益共同体、发展共同体和命运共同体方面所做的积极努力，也表明中国愿意为亚洲和全球发展事业做出积极贡献。

2014 年 5 月，在中国上海举行的亚洲相互协作与信任措施会议第四次峰会上，中国国家主席习近平发表主旨讲话，提出中方对加强亚洲安全对话与合作的主张，呼吁各国树立亚洲新安全观，即“应该积极倡导共同、综合、合作、可持续的亚洲安全观，创新安全理念，搭建地区安全和合作新架构，努力走出一条共建、共享、共赢的亚洲安全之路”，这个倡议体现了中国安全理念的进一步深化。此外，中国主办的 2014 年亚太经合组织北京峰会和 2016 年二十国集团杭州峰会，向世人展示了中国继续推动改革开放的诚意和积极融入世界的新形象，也向世界提供了中国特色的全球经济治理的方案，为全球经济增长注入了“中国动力”，诠释出中国的大国担当。在 9 月 3 日二十国集团杭州工商峰会开幕式上，中国国家主席习近平发表主旨演讲，他不仅表达了对中国经济的强烈信心，还希望国际社会加强合作，倡议“二十国集团成员应该同国际社会一道坚定信念、立即行动”，“第一，共同维护和平稳定的国际环境。……第二，共同构建合作共赢的全球伙伴关系。……第三，共同完善全球经济治理”①。总之，中国是现行国际体系的参与者、建设者和贡献者，是国际合作的倡导者和国际多边主义的积极参与者。“中国倡导的新机制新倡议，不是为了另起炉灶，更不是为了针对谁，而是对现有国际机制的有益补充和完善，目标是实现合作共赢、共同发展。”②

①② 习近平出席 B20 峰会开幕式并发表主旨演讲（全文）.（2016-09-03）. http://cpc.people.com.cn/n1/2016/0903/c64094-28689036.html.

二十国集团杭州峰会主会场

（六）提出新的全球治理理念

当前世界各地区发展模式和治理模式受西方文化和话语的影响极大。但在世界范围内出现的社会分化和分裂现象表明，这样的治理模式存在严重弊端。随着中国国际参与的扩大，中国对世界的治理理念也在不断进行一些大胆的、有益的创新。2013 年 3 月，习近平主席访非期间，首次提出“正确义利观”。当年 10 月，在新中国成立以来的首次周边外交工作座谈会上习近平强调，要找到利益的共同点和交汇点，坚持正确义利观，有原则、讲情谊、讲道义，多向发展中国家提供力所能及的帮助。之后，不论是会晤国际友人还是面对中国的外交工作人员，习近平都会经常提及：“坚持正确义利观，永远做发展中国家的可靠朋友和真诚伙伴。”“坚持正确义利观，义利并举、以义为先。”“坚持正确义利观，做到义利兼顾，要讲信义、重情义、扬正义、树道义。”……这些论述，体现了中国作为一个社会主义国家、一个负责任大国的理念和风范。

中国 2014 年 3 月在海牙提出的“发展和安全并重、权利和义务并重、自主和协作并重、治标和治本并重”的核安全观和同年 5 月在上海提出的“共同、综合、合作、可持续”的亚洲安全观，就融入了中华文化善于统筹兼顾、协商合作的理念。此外，2014年3月27日，习近平主席在联合国教科文组织总部发表有关人类文明发展的演讲，首次在国际场合深入、全面地阐述中国的“文明观”。他提炼概括了文明的三个本质特征：文明是多彩的，文明是平等的，文明是包容的。三大特征的最终落脚点是包容，包容是文化多元、利益多样的前提，是人类社会平等共处的保障。演讲最后提出“让中华文明同世界各国人民创造的丰富多彩的文明一道，为人类提供正确的精神指引和强大的精神动力”这一前进方向。

当然，中国在减少温室气体排放方面的贡献也不容抹杀。《巴黎协定》是2015年12月12日在巴黎气候变化大会上通过、2016年4月22日在纽约签署的气候变化协定。2016年9月3日，中国全国人大常委会批准中国加入《巴黎协定》。同日，中美两国先后向联合国交存批准文书，使得正式批准气候变化《巴黎协定》的缔约方增至26个。法国《费加罗报》表示，中美这一决定备受期待，不仅能展现出“负责任的领导者”形象，同时也能够在国际社会中产生带动效应。

基于中国传统文化和中国国情的全球治理观与美国在全球治理方面的思路有着四个方面的不同：

第一，中国的全球治理思路是“以联合国为中心”，而美国的全球治理思路是“以联盟为中心”。中国非常看重联合国的道德价值，看重自身作为联合国安理会常任理事国的地位，中国对联合国要比美国尊重得多。相对而言，虽然美国在二战后主导建立了联合国，但从历史上屡见不鲜的事实来看，美国一直是将联合国作为工具来看待和利用的。

第二，从议题上讲，中国是以发展为优先，美国是以安全为优先。虽然和平与发展是当今国际社会的两大主题，但美国更加关注和平，更多从它自身及其盟友的安全着眼，对经济发展的基础和条件看得较轻。中国则认为，长期安全或和平的基础是可持续发展，没有发展便无长期和平可言。习近平主席2015年9月26日在联合国发展峰会上指出，全球仍有8亿多人在挨饿，因此“我们必须攥紧发展这把钥匙”。

第三，中国目前强调的是全球伙伴关系网络，而美国着力于维持一种等级制体系。在美国人看来，在当前世界的等级体系中，美国基本上居于世界之巅；第二个层次是英语国家，比如英国、加拿大等；第三个层次是以日本、德国为代表的盟友；第四个层次是“伙伴”，这个层次里的国家较多，比如泰国、巴西等；第五个层次是中国，属于“竞争者”；第六个层次是俄罗斯，属于“对手”；第七个层次是“敌人”，比如“伊斯兰国”等非国家行为体和其他恐怖分子；第八个层次相当于印度种姓制度中的“贱民”，是对美国而言微不足道、根本不值得去理睬的一些国家。而中国着眼构建的全球伙伴关系网络是以平等互信、互利共赢为前提的，中国的声音受到更多欧洲大国和发展中国家的拥护。

第四，中国在全球治理中坚持不干涉内政原则，而美国则致力于在全球范围内推动民主化。美国和西方热衷于在全球范围内推动所谓“普世价值”，不论其推动的方式是否被其他国家所接受，这样的“单边外交”方式是今天中东地区混乱的根源之一。中国则认为各国选择适合自身的发展道路是既利己又利人的思路，世界各个国家国情不同、所处阶段不同，因此发展道路不同是客观的、合理的。美国希望在全球范围内推行“美国化”，更有一段时间将“全球化”包装成“美国化”，而对于相关国家是否具备“美国化”的基础和条件则不管不顾。中国坚持不干涉内政的原则也降低了中国外交可能面临的抵触风险。

第三节　当前中国外交理论与实践的评价和展望

忆往昔峥嵘岁月稠。冷战结束初期，囿于中国国力较弱和西方国家咄咄逼人的外交态势，我国采取了较为冷静和低调应对的姿态。邓小平同志提出的“冷静观察、稳住阵脚、沉着应付、善于守拙、决不当头、韬光养晦、有所作为”外交思想，符合 20 世纪 90 年代初期的国际环境，也符合我国当时的国力状况。当时的国际环境非常复杂，在西方国家蛮横跋扈的叫嚣声中，理性的声音是听不到的，自由化和民主化掌握了国际话语权。那么，当时的中国应当如何正确应对呢？中国当然不应该随着西方的“指挥棒”跳舞，而应该有自己的节奏和自己的步调。中国在国际局势纷繁复杂之时，顶住各种压力，保持社会稳定和坚持发展经济，为今天的繁荣打下了坚实的基础。所以，中国仍要坚定地走自己的道路，走出中国特色大国外交之路。

今天，我们可以通过三个方面来看清当前的外交思路。一是西方的“中国崩溃论”的破产。事实证明，中国不仅没有崩溃，而且“扬帆起航”，不断开启新的征程，找到了发展道路的自信。二是西方的发展道路和外交战略出了问题。西方的债务危机是道路问题的表现，而且西方对中东外交干涉的失败进一步加剧了西方发展道路的困境。三是中国的外交理念不同于西方，其中糅合了较多的中国元素，未来这一点在中国特色大国外交中将体现得愈发明显。

能力愈大，责任愈大。中国的外交既要与中国的国内经济和社会发展相一致，又要与中国在世界上的责任担当相一致。世界的繁荣稳定是中国的机遇，中国的发展也是世界的机遇。当前的世界局势并非一派祥和，除了世界经济跌宕起伏之外，中东地区、欧洲、亚洲的安全局势也令人担忧，这与西方治理模式的失败不无关系。在国际时局艰危之时，中国应该向世界提供自己的解决方案。正如习近平主席在 2016 年的新年贺词中所说：“世界那么大，问题那么多，国际社会期待听到中国声音，看到中国方案，中国不能缺席。”

“以史为鉴，可以知兴替。”回顾问题的产生，西方社会将自己的发展模式强行推到世界其他地区，实质仍是霸权主义在作祟，西方应当为当前世界动荡尤其是中东地区的动荡负主要责任。中国应该推出替代性的解决方案，中国文化中一贯强调包容、兼顾，求同存异、和而不同，这样的理念可以使得各个国家遵循各自适当的发展道路，这才是世界和平与稳定之道，才是治乱之道。

当然，我们也要看到，中国的外交理念尚不十分完善，要赢得更多国家的认同和支持还有很长的一段路要走，更需要在国际政治实践中得到进一步的证明。但不管如何，在过去的四年多时间里，中国向世界呈现了中国的外交工作总体目标，提交了中国特色的世界治理解决方案，提出了一系列的新理念和新政策，不断完善中国特色大国外交，这是中国领导层的自信，也是中国外交战略的自信。习近平总书记的外交特色，凸显了中国完全摆脱过去被动反应式外交，表现出极其鲜明的、积极进取的外交姿态。

针对纷繁复杂的国际局势，习近平总书记指出，我们要“加强战略思维，增强战略定力，更好统筹国内国际两个大局”，“我们要坚持走和平发展道路，但决不能放弃我们的正当权益，决不能牺牲国家核心利益。任何外国不要指望我们会拿自己的核心利益做交易”。在事关中国主权和领土完整的重大原则问题上，“我们不惹事，但也不怕事，坚决捍卫中国的正当合法权益”。

总之，中国特色大国外交已经开始“扬帆起航”。未来中国外交不仅将继续为中国社会经济的可持续发展创造良好的外部环境，还将逐渐承担一个新的光荣使命，即为中国特色的外交理念和治理模式进行世界性宣传。我们也深信，中国特色大国外交必将为人类发展和世界和平做出与自己责任相当的贡献。

China's Wisdom

China's Wisdom
China's Wisdom

第 2 章

十八大以来中国外交的表现与特点

2 十八大以来中国外交的表现与特点

回顾中国国家地位的历史变化，我们看到一条清晰的脉络，就是今天的中国正在走向“世界性大国”的道路上，政治、经济、社会、文化等各个层面都不仅实现了巨大的进步，还对整个人类社会产生了深远的影响。伴随这一历史进程，中国外交扮演了突出的角色。特别是十八大以来，中国特色大国外交成效显著，新政策、新理念、新倡议、新特点、新实践都为中国走向大国复兴外交之路做出了新贡献。

第一节　世界性大国：中国外交的新定位

（一）中国国家地位的历史变化

中国在很长一段时间里一直是世界上最强大的国家。18 世纪 60 年代英国工业革命开始，但随后西方还是用了近 70 年，直到 1830 年才略微超过中国。亨廷顿指出，1750 年，中国在世界制造业产值中占 1/3，西方只有不到 1/5①。中国在世界历史上无疑是一个特殊的存在：其一，文明史长达数千年且延续不断；其二，长期领先于世界；其三，19—20 世纪有过被殖民的历史。这三点决定了中国对自身的定位是一个正在复兴的世界大国。从历史长周期的角度来看，中国在近现代的衰弱只是短期事件，重新处于领先地位似乎更符合历史曲线的规律。

1949 年新中国成立以来，因为不屈从于“美苏争霸”和“一超独霸”的国际格局，中国逐渐走上了从边缘到中心的道路，中国国家地位伴随综合国力以及国际格局的变化发生了两次嬗变。第一次，是从亚洲边缘国家成长为亚太地区大国，时间大约是从新中国成立初期到 20 世纪末 21 世纪初；第二次，是从亚太地区大国成长为世界性大国。当前，我们正处于第二次嬗变的关口（见图 2-1）。

---

① 萨缪尔·亨廷顿. 文明的冲突与世界秩序的重建. 北京：新华出版社，2010：66.

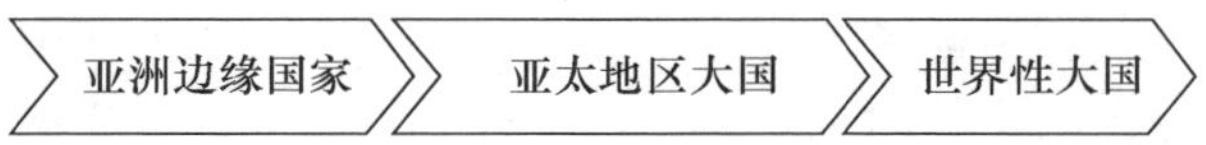

图 2－1　新中国国家定位的变化

从经济层面看，新中国刚成立时一穷二白，于是 20 世纪 50—60 年代掀起了工业发展的浪潮；70—80 年代，中国在经历了激烈的内部动荡后明确了经济发展的优先性，改革开放成为必然选择；2010 年中国 GDP 超越日本成为世界第二大经济体，中国在国际事务中的地位和角色越来越重要；及至当前，十八大以来，经济的持续发展促使中国进一步“走出去”，国家利益诉求的外向性越来越强。

从政治层面看，中国的国家追求与国家定位随着综合国力以及国际形势的变化而变化。从新中国成立初期向苏联“一边倒”，到 20 世纪 60 年代“反帝又反修”“两面开弓”，再到 70 年代“联美抗苏”、80 年代“不结盟”，及至当前倡导“和谐世界”与“人类命运共同体”，可以说在国际格局上中国从被西方讥讽为“东亚病夫”到被追捧为“东方巨人”，从一个被边缘化的封闭国家转变为有影响力的地区大国，正在向世界性大国转变，是中国梦和国家奋斗的最好诠释。

（二）“世界性大国”的多重维度

中国正在向世界性大国转变，但如何界定世界性大国？如果从全球领导力的角度来看，那么当前只有美国称得上是世界性大国。纪录片《大国崛起》中描述了国际关系史上九个世界性大国的崛起之路。葡萄牙、西班牙、荷兰、英国、法国、德国、俄罗斯、日本、美国这九个大国，都是因为其本土实力扩展而成为海上强国，也因此才成为世界性大国。十八大以后，中国也提出了“海洋强国”战略，中国未来的全球影响力也会越来越大。

其他国家日益认可了中国正在向世界性大国转变的现实，似乎中国成为超级大国是迟早的事。但中国现在也面临着困境：一方面，中国的综合国力和国际地位不断提高，世界性大国成为中国的新定位；另一方面，分裂主义、领土争端、民粹主义以及中美“修昔底德陷阱”[①] 等老问题依然严峻。因为老问题的存在，所以中国的世界性大国定位存在多重内涵：经济上为发展中大国，地缘上为亚太一流大国，等等。

经济上，中国依然是发展中国家，块头大，但底子薄。习近平主席在 2013 年博鳌亚洲论坛年会上指出：“中国依然是世界上最大的发展中国家，中国发展仍面临着不少困难和挑战，要使全体中国人民都过上美好生活，还需要付出长期不懈的努力。我们将坚持改革开放不动摇，牢牢把握转变经济发展方式这条主线，集中精力把自己的事情办好，不断推进社会主义现代化建设。”也就是说，中国虽然现在已经成为世界第二大经济体，但仍然是发展中国家，这个定位不能变，只是块头大一点，最多也只能称为“发展中大国”。根据国际货币基金组织（IMF）的数据，中国大陆 2015 年的 GDP 总量为 10.98 万亿美元，仅次于美国的 17.95 万亿美元，全球排名第二；但人均 GDP 只有 7 990 美元，全球排名第 76，与美国 55 805 美元的人均 GDP 相差甚远[②]。我们需要保持足够的清醒，要看到中国过去几十年的发展是廉价劳动力、落后资源开发和政策扶持共同作用的结果，而现在人口红利正在消失、环境治理问题日益严峻，中国的发展进入瓶颈期。需要承认的是，中国的大国地位很大程度上源于经济的高速发展，但 2008 年全球金融危机爆发以来，中国经济发展的后劲略显不足。因此，中国依然是发展中国家，并且只是“发展中大国”。

地缘上，中国是亚太一流大国。谈及中国发展，无法回避亚太地区的合作与稳定问题；谈及国际格局，也无法回避地缘政治对国家与国际关系的影响。任何耳熟能详的地缘政治学说，如陆权论、海权论、边缘

---

① “修昔底德陷阱”是古希腊历史学家修昔底德在阐述公元前 5 世纪雅典和斯巴达两国发生战争的历史事实时提出来的。在修昔底德看来，两国走向冲突的根源在于“雅典日益壮大的力量以及这种力量给斯巴达造成的恐惧”。这一命题在当代主要指的是一个新崛起的大国必然要挑战现存大国，而现存大国也必然来回应这种威胁，因此战争将会变得不可避免。据统计，自 1500 年以来，新兴大国挑战现有大国的案例共有 15 个，其中发生战争的就有 11 例。

② IMF. 世界经济展望 2016.（2016-01）. http://www.imf.org/external/chinese/pubs/ft/weo/2016/01/pdf/textc.pdf.

地带理论等，都承认周边邻国对国家安全的重要性。换个通俗的比方，一户人家隔壁住着一个小偷或强盗，能不提心吊胆吗？中国有许多邻国，如俄罗斯、蒙古、朝鲜、哈萨克斯坦、吉尔吉斯斯坦、塔吉克斯坦、巴基斯坦、阿富汗、印度、不丹、尼泊尔、缅甸、老挝、越南、韩国、日本、菲律宾、印度尼西亚、马来西亚、文莱等，其中一些邻国与我国有领土边界争端。与此同时，在海上我们面临美国强大的远洋威慑：以日本、中国台湾、菲律宾、关岛、新加坡等为节点的“太平洋锁链”制约着中国的“海洋强国”战略。错过“大航海时代”的中国只能维持对太平洋海域的有限影响。

正因为地缘政治的困境，中国的影响力更多地被限制在亚太地区，中国追求并成为亚太地区的一流大国也就顺理成章了。习近平在 2014 年亚太经合组织工商领导人峰会上提出要实现“亚太梦想”，引发世界关注。很多人认为“亚太梦想”是“中国梦”的延伸和升华。但更准确地说，“亚太梦想”和“中国梦”互为前提、融成一体。亚太地区繁荣与和平的未来，自然包括中国实现发展和复兴；而中国复兴的梦想之中，同样包括要以中国之智与力，推动亚太的富与强。可以说，亚太地区是中国发展的根基，中国是亚太地区发展的引擎。中国对亚太地区的领导力主要体现在经济发展和规则制定两个方面。中国主导或参与了如“10＋3”、“中国—东盟自由贸易区”、“一带一路”、亚投行等区域合作机制，是经济发展和规则制定的共同体现。根据中国海关总署的数据，2015 年中国大陆十大进出口贸易伙伴除欧盟、美国外，东盟、中国香港、日本、韩国、中国台湾、澳大利亚、印度和俄罗斯全分布于亚太地区。经济发展成为撬动国际政治的杠杆，世界权力中心正在向亚太地区转移，这也导致美国“重返亚太”“亚洲再平衡”战略的出台。在可见的未来，亚太地区将决定世界的走向，而立足于亚太地区，发挥着日益强大的地区影响力的中国，将成为全球权力更迭的重要参与者和见证者。

因而，我们需要对世界性大国这个新定位有客观的认识。中国也无意重走“国强必霸、国强必战”的老路。中国外交的当前目标是推进以合作共赢为核心的新型国际关系，以打造有中国特色的大国外交为途径，最终实现人类命运共同体。

2013 年 3 月，习近平在莫斯科国际关系学院首次呼吁各国共同推动建立以合作共赢为核心的新型国际关系。2015 年 10 月，习近平在第七十届联合国大会一般性辩论时发表了题为《携手构建合作共赢新伙伴同心 打造人类命运共同体》的讲话，阐释了中国对新型国际关系的理解。“新型国际关系”是相对于以权力斗争、大国争霸和零和博弈为特征的“传统国际关系”而言的，其核心是合作共赢；其路径是共商、共建、共享；其价值追求是和平、发展、公平、正义、民主、自由；其实现手段与目的是多边主义，伙伴关系，共同、合作、可持续安全，开放创新，和而不同的文明交流，绿色发展的生态体系等；其最终目标是构建你中有我、我中有你的人类命运共同体①。

第二节 理念与政策：中国外交的新倡议

十八大以来的中国外交体现了中国战略思维的变化。中国提出了许多有全球视野的新理念、新倡议，包括全球治理变革、人类命运共同体，以及“一带一路”、亚太自贸区、亚投行、金砖银行和网络安全等。

这是一个不断变化的世界，国家力量的此消彼长、国际格局的风云变幻都会影响全球的秩序变革。过去西方决定世界发展走向的历史正在逆转，全球权力中心正在向亚太地区转移，而中国处于中心地位。新形势下中国选择走和平发展道路，其关键是其他国家要理解中国的善意，通过良性互动实现互利共赢。2008 年的全球金融危机和随之而来的经济危机再次证明强调私有化、市场化、自由化的“经济新自由主义”和“华盛顿共识”的失败，以及西方全球经济治理的垄断地位的崩溃。中国基于自身发展总结出“相互尊重、合作共赢”的国际关系和全球治理

---

① 习近平：构建以合作共赢为核心的新型国际关系.（2015－09－29）. http://house.chinanews.com/gn/2015/09-29/7549042.shtml.

新理念，倡议建立人类命运共同体。其立意是改变对片面强调对抗的“霍布斯文化”的认识，从理念和认知的角度确立“和合包容”的多元文化的重要性，将国家命运与人类命运联结在一起，实现你中有我、我中有你，这不仅是对多元价值的匡扶，也是中国话语权和领导力提升的结果。

全球治理变革深刻地反映了以美国为中心的西方治理范式的危机。这种危机伴随美国的衰弱自 20 世纪 80 年代就已显现。美国国际关系学者罗伯特·基欧汉 1984 年出版的《霸权之后：世界政治经济中的合作与纷争》就描绘了美国霸权终结后世界的可能图景，并指出国际关系不再是一个争夺军事和领土优势的零和博弈，从根本上已经成为一个正和的经济交换体系。美国哈佛大学教授斯蒂芬·沃尔特、美国前国务卿基辛格等都不止一次地指出美国领导的自由主义秩序正在崩溃，甚至预言了新世界秩序的可能图景。事实也部分证实了基欧汉的观点，中美当前的竞争与合作主要以制度竞争的形式展开，传统的军事与领土侵袭方式似乎已被淘汰，至少在大国博弈中，战争的效用已大打折扣。而约瑟夫·奈 2016 年出版的著作《美国世纪结束了吗?》则从绝对衰落、相对衰落的角度，分析了在多样且多变的全球化体系中，中美关系的正和意义。根据这些学者的分析，以及国际关系的历史实践，可以发现全球治理变革是伴随全球权力转移的必然之举，而中国对现有体系的改革可以在维持国际体系相对稳定的前提下实现“合作共赢”。

在全球治理变革的理念指导下，十八大以来中国外交提出了“一带一路”、亚投行、亚太自贸区、网络安全等倡议。在世界舞台上中国正扮演越来越重要的角色，尤其是十八大以后，新一届政府在国际事务中投入更多精力，中国外交展现出更加积极有为的姿态。这一系列倡议成为中国转向世界性大国的标志。

2013 年 9 月和 10 月，习近平主席分别提出建设“丝绸之路经济带”和“21 世纪海上丝绸之路”的战略构想后，中国周边国家经济外交的热度上升。基础设施投资成为中国扩大需求、推动周边国家经济增长的重要举措。

以基础设施建设为主体的“一带一路”倡议需要金融政策的支持，为此，同年10月2日，习近平提出筹建亚投行的倡议。2014年10月24日，包括中国、印度、新加坡等在内的21个首批意向创始成员国的财长和授权代表在北京签约，共同决定成立亚投行，法定资本1 000亿美元。亚投行作为一个政府间的多边区域开发机构，重点支持基础设施建设，成立宗旨在于促进亚洲区域建设互联互通化和经济一体化的进程，并加强中国与其他亚洲国家和地区的合作。“一带一路”倡议的主要融资来源包括：亚投行、丝路基金、金砖银行和上合组织开发银行等。其中丝路基金首期规模为400亿美元，资金来源是外汇储备、中国投资公司、中国进出口银行、国开金融，资本比例为65%、15%、15%、5%[①]。“一带一路”与亚投行倡议的提出与落实，是中国国家利益对外拓展、地区影响力上升和大国外交博弈综合作用的结果。其本身也成为中国周边外交、多边外交的重要舞台，体现了中美竞争与合作背景下中国议程设置力、规则创制权、话语权和全球领导力的提升。

亚太自贸区倡议的提出，是基于亚太地区区域合作的需要，比“一带一路”和亚投行倡议早得多。在2010年横滨亚太经合组织部长级会议上，21个成员的代表发表《横滨宣言》，将在各国之间达成的43项双边及小型自由贸易协定的基础上，在亚太地区建立自由贸易区。但因为多种因素限制，亚太自贸区发展缓慢。直到2014年11月，亚太自贸区路线图终于敲定，标志着亚太自贸区进程的正式启动，将亚太区域经济一体化提升到新水平。

网络安全既是一个新问题，也是一个老问题。之所以说其是新问题，是因为十八大以来中国政府将其提升到国家安全战略的新高度；之所以说其是老问题，是因为网络安全进入大众视野已有十几年的时间。北京大学贾庆国教授认为网络安全主要分四类：一是网络间谍行为，二是网络商业盗窃行为，三是网络推送行为，四是网络战争行为[②]。作为

---

① 丘兆逸．国内私人资本与一带一路跨境基础设施建设．开放导报，2015（3）：36.

② 贾思玉．中外学者吁中美建立网络安全国际规范．（2013－12－05）．http://www.chinanews.com/gn/2013/12-05/5586570.shtml.

典型的非传统安全领域的威胁，网络与恐怖主义、网络与跨境犯罪等考验着传统的国家主权边界与国际法。中国外交部一再重申，网络安全是一个全球性的问题。事实上，中国在网络安全方面是弱势群体，也是遭受网络攻击最严重的国家之一。中国政府高度重视互联网安全问题，坚决反对并依法打击网络攻击行为。中国政府是网络安全的坚定维护者。外交部发言人华春莹在 2015 年的一次答记者问中说，中国有关网络安全公司不久前发布报告的显示，中国长期以来遭受来自境外的大规模网络攻击，国家安全和利益面临严峻威胁。网络攻击具有匿名性和跨国性特点，这使网络安全成为复杂的全球性问题。中国主张各方通过加强对话合作，共同寻求解决之道。无端臆测、炒作甚至恶意抹黑攻击，无助于问题的解决，更不符合任何一方的利益。中国愿与国际社会一道推动构建和平、安全、开放、合作的网络空间①。

可以看到，以上这些倡议是基于中国与国际秩序变化的现实而提出的，以全球治理变革理念为指导，以构建亚太乃至全球经济和安全秩序为抓手，以避免冲突对抗、强调正和博弈与互利共赢为重点，其根本目标是打造人类命运共同体。通俗点说，中国的一系列倡议是为了更好地体现发展中国家的利益，实现既得利益者与利益诉求者的“互利共赢”，强调利益“正和”，避免零和博弈，追求建立人类命运共同体，而不是推翻现有国际机制。

第三节　四根支柱：中国外交的新实践

在新倡议的观念支撑下，十八大以来中国外交的新实践主要围绕大国外交、周边外交、伙伴关系外交和全球治理四个方面展开。具体说就是，在大国外交层面，维持与美俄欧三强关系的平衡；在周边外交层

① 外交部发言人：中国政府是网络安全的坚定维护者.（2015－08－14）. http://it.people.com.cn/GB/n/2015/0814/c1009-27461137.html.

面，筹划塑造周边环境；在伙伴关系层面，构筑全球伙伴外交网络；最后，致力倡导并推动全球治理变革。这四个方面成为十八大以来中国外交的四根支柱。

（一）支柱一：维持与美俄欧三强关系

从冷战时期美苏争霸到当前中美俄欧日印诸强并起，国际形势的发展和变化对中国外交提出了新要求。冷战时代，中国需要在美苏两极之间寻求战略机遇，于是形成了中美苏“战略大三角”；后冷战时代，面对美国的超级霸权和世界多极化发展趋势，十八大以来中国外交更强调维持与美俄欧三强的关系。可以说，美国、俄罗斯、欧盟是当今世界最重要的三股力量，对中国和平发展影响极大。十八大以来，强调与美俄欧搞好关系，是国家发展的必选项，也是在大国外交的层面对中国外交的再定位。

美国是中国最重要的“战略邻国”，也是当今世界唯一的超级大国，在全球拥有众多的军事基地，一直扮演“世界警察”的角色。尽管中美之间隔着辽阔的太平洋，但美国在经济、政治、军事、全球治理等诸多层面与中国利益攸关，已经成为中国发展无法回避的“战略邻国”。处理好与美国的关系成为中国摆脱传统大国博弈范式的重要考验。正如习近平主席所言，“太平洋够大，足以容下中美两国”。这是中国智慧对传统大国博弈的解答。尤其是在当前美国相对衰落和国际秩序变革时期，放弃冷战思维，倡导合作共赢，才是中美两国正确的选择。

俄罗斯是中国的“准盟友”。这一关系定位自 1949 年新中国成立至今，虽历经波折，但总的趋势是没有变化的。作为中国北方最重要的邻国，俄罗斯与中国同为联合国安理会常任理事国，对国际事务有重要决定权。尽管经济发展相对滞后，但俄罗斯对欧洲和美国有强大的威慑力。在普京总统任期内，俄罗斯与中国关系日益紧密，两国在许多国际问题上相互支持，中俄成为制衡其他大国的“黄金搭档”。

欧盟作为一个走向联合的共同体，其经济、政治、文化体量之和使其拥有与美国抗衡的资格。十八大以来，中国与欧盟的联系也日渐紧密，与欧盟成员国如英国、法国、德国的合作以经济贸易为主。在欧盟成员国中，英国与中国的关系更为密切。2015 年英国宣布加入中国牵头的亚投行，使亚投行真正拥有辐射全球的影响力。在英国前首相约翰·卡梅伦任期内，中英关系进入“黄金时代”，并宣布构建面向 21 世纪全球全面战略伙伴关系。然而 2016 年 6 月，英国宣布脱离欧盟，这打乱了中国想借英国平衡与欧盟关系的计划，为中欧关系增加了不确定性。

（二）支柱二：筹划塑造周边环境

周边外交是中国外交的另一个重点攻坚目标。习近平 2013 年就任国家主席以来，其对外访问重心主要集中于周边国家。这是由中国复杂的地缘政治环境决定的。正如前文所述，中国堪称世界上地缘政治环境最恶劣的国家之一，领土、资源的争端由来已久。在相当长一段时间内，在中国外交总体布局“大国是关键，周边是首要，发展中国家是基础，多边是重要舞台”的阐述中，将周边外交放到首要的位置。十八大以来，中国外交提出亲、诚、惠、容的外交理念，倡导与周边国家睦邻友好、互助合作，欢迎“搭便车”，增强了周边国家与中国的情感与利益联系。在当前形势下，有必要进一步将周边外交的范围扩大，即不局限于贴近中国的小周边，更要关注向纵深扩散辐射的战略大周边。在这个战略大周边中，中国面临一个无法改变的“硬环境”，即三个“巨型邻国”——日本、俄罗斯和印度。中国与三大邻国的关系，分别主导着中国东北西三个方向的战略态势走向①。这也是十八大以来新外交必须应对的课题。

十八大以来的周边外交需要应对一个老问题，即长期以来周边国家“安全上依赖美国，经济上依赖中国”的困境。这种困境主要由三方面造成：第一，中国过去埋头发展经济，对周边安全上的投入不够；第二，周边国家担忧和恐惧中国崛起；第三，美国“亚太再平衡”战略与

① 马小军. 中国外交战略新布局.（2013－12－30）. http://www.qstheory.cn/gj/zgwj/201312/t20131230_307423.htm.

主动介入。针对朝鲜半岛局势，2016 年 7 月，美国宣布在韩国部署“萨德”系统。2015 年 10 月 27 日，美国“拉森”号导弹驱逐舰闯入渚碧礁 12 海里领海；12 月 10 日，两架 B-52 轰炸机在执行例行飞行任务时，其中一架“无意”飞进了华阳礁上空 2 海里范围内。2016 年 1 月 30 日，“柯蒂斯·威尔伯”号导弹驱逐舰闯入中建岛 12 海里领海；5 月 10 日，“威廉·劳伦斯”号导弹驱逐舰闯入永暑礁 12 海里领海。这些事件显示美国在中国周边频频试探，为中国周边安全投下阴影。中国的和平发展需要周边的稳定环境，中国有必要在安全方面加强国际合作与军事投入。为此，中国需要建立与完善亚太地区多边和双边安全机制，在上合组织、亚信峰会等框架下，与周边国家共建安全的地缘环境。

除了安全议题，中国还需要以经济合作为动力，促进周边国家的经济发展；以文化的亲善交流增进国家之间的亲近感和命运共同体意识。如此，中国在安全、经济和文化三个维度都能维持与周边国家的有效互动，那么中国发展的一大障碍便可扫除，与美国发生冲突的可能性也会大大降低。

（三）支柱三：构筑全球伙伴外交关系网络

全球伙伴外交关系网络可算是中国外交的创举。中国已与 90 多个国家或国际组织等建立了伙伴关系，与欧盟、非盟、东盟三个一体化组织也建立了伙伴关系。以伙伴关系为纽带维系的全球伙伴外交关系网络成为中国外交的重要资源。但如何理解伙伴关系？正因为定义模糊，解读伙伴关系才成为世界性难题。从字面意思来理解，“伙伴关系”意味着“非敌”的状态，彼此不将对方视为敌人，但不是敌人就一定是朋友吗？有学者认为中美是“假朋友”的关系，即彼此合作但互相防备，诠释了“伙伴”这一定义的模糊性。正因为中美关系的重要性和增强彼此互信的紧迫性，中美放弃了伙伴关系的束缚，于 2013 年宣布构建“新型大国关系”，以摆脱传统大国争霸的范式。

习近平主席在第七十届联合国大会一般性辩论时的讲话中阐释了“伙伴关系外交”的内涵，即平等相待、互商互谅，“对话而不对抗，结伴而不结盟”，大国之间相处，要不冲突、不对抗、相互尊重、合作共赢。大国与小国相处，要平等相待，践行正确义利观，义利相兼，义重于利[①]。这是中国对“伙伴关系外交”的最准确的界定，也有利于世界理解中国的真正意图，避免战略互疑。

中国运用自身的外交智慧构建了一个辐射全球的伙伴外交关系网络，为中国外交提供了巨大的解释空间和外交弹性。需要指出的是，中国与美国、中国与日本都不是简单的“伙伴关系”。中国与美国是“新型大国关系”，而中日因为战略互信的障碍，尤其是安倍政府上台后两国关系转冷，所以尚未建立密切的“伙伴关系”，仅为着眼于经贸合作的“战略互惠关系”。

（四）支柱四：倡导并推动全球治理变革

正如前文所述，全球治理变革深刻地反映了以美国为中心的西方治理范式的危机。秦亚青指出，全球治理是一个协商、参与和身份重塑的过程，要真正改变全球治理失灵现象，就需要以多元主义的世界观、以伙伴关系的思维方式、以参与治理过程的实践活动建构起一种真正的全球身份认同[②]。而当前全球治理规则主要由发达国家掌控，国际体系等级化、发展中国家利益受损等问题仍然难以解决。在此背景下，中国的改革举措是现有体系的自我更新。

中国坚定地做“和平发展的实践者、共同发展的推动者、多边贸易体制的维护者、全球经济治理的参与者”，推动实践“一带一路”倡议，设立亚投行、丝路基金，完善金砖国家合作机制，维护自由、开放、非歧视的多边贸易体制，坚持和平共处五项原则，倡导共同安全、综合安全、合作安全与可持续安全，推动文明对话与和平共处。这一系列行为是中国对全球治理变革的贡献，也是十八大以来中国外交的重要实践。

从宏观来看，十八大以后中国外交面对的是国际秩序新旧时代的交

---

① 习近平：构建以合作共赢为核心的新型国际关系．(2015－09－29)．http://house.chinanews.com/gn/2015/09-29/7549042.shtml.

② 秦亚青．全球治理失灵与秩序理念的重建．世界经济与政治，2013 (4)：4.

替，要完成的是中国国际角色的历史性转换，在外部环境和自身能力方面都面临重重压力。从全球格局来看，西方大国对中国既有需要，又有猜疑，在国际舆论上中国仍处于被动，要长期面对出力不讨好、与主要大国的关系波动反复的困难局面。此外，中国经济利益的全球化，导致外交触角向全球延伸，但相比于有过长期殖民史的西方国家，中国对世界很多地区其实不够了解，在当地所能动员的资源和手段有限，“一带一路”倡议的落实要做好长期困难的准备。在全球权力转移与全球治理变革的大背景下，中国外交更加强调积极有为。在南海、制度竞争、反恐、气候合作等问题上与国际社会的合作日益密切，成为十八大以来中国外交的新风尚。

第四节　积极有为：中国外交的新特点

十八大以来中国外交的特点是以理念创新带动概念创新，再以概念创新指引政策创新，强调积极有为，倡导守变合一、义利合一与言行合一，有定力、有底线，展现出在全球大变革时代中国的大国担当与气魄。其中，“正确义利观”是以习近平同志为核心的党中央的重要外交理念创新。早在十八大之前，习近平就在外事访问中提出了相关概念的雏形。新一届中央领导集体就职以后，习近平先后多次在会议上和访问中做出了相关论述，如“多予少取、先予后取”“欢迎搭车”等，并在中央外事工作会议上正式提出讲信义、重情义、扬正义、树道义。这些理念和概念迅速转化为政策行动，融入周边外交、对非外交、“一带一路”倡议、对外援助等政策之中。目前理论和舆论界对相关政策的解读已经大量展开，但对正确义利观本身的研究尚不多。正确义利观并非简单的政治宣言，在理论和实践上都存在对既有观念的扬弃和超越，同时也存在误解和争议。解决这些误解和争议的过程，是新一届政府深化改革、与时俱进的方针在外交领域的体现，代表着中国外交的新思维与新特点。

（一）守变合一：全球化时代的合和国际观

国际政治讲道义吗？这是关于国际关系的一个永恒之问。中国先哲就这个问题有法家和儒、墨之辩。西方对这个问题也有长期的争论。其中乐观一派的代表人物是康德，他相信国家可以像个人一样学习用善良和理性的方式行事。而马基雅弗利则是悲观一派的代表。他认为国际政治中不能讲人在社会中的道德。如果非要说政治家有道德的话，那就是竭尽所能维护和扩大国家利益。如果政治家在外交中受困于一般性的道义，那无疑是对本国人民犯罪。

近代以来中国人对国际问题的看法大多数是马基雅弗利式的。这是西方思想输入的结果。秦以后两千多年的中国历史中，法家的国际观从来没有占据主流。但是近代欧洲的国际关系，却是马基雅弗利主义者的天堂。数百年间，西方国家围绕着领土、资源和利益进行残酷的丛林竞争，并通过殖民统治把这一套国际关系规则扩展到全世界。清朝末年，中国被迫在殖民列强的炮火中“开眼看世界”，切身体会到的是弱肉强食、落后就要挨打，反复听到的是西方政治家直言不讳的名言“没有永远的朋友，只有永远的利益”“强权即真理”，深深植入脑海中的是一幅列强环伺、鱼肉中华的“时局图”。因此，作为国际关系中的弱势国家，一百多年来，中国外交的核心主题就是“维权”“护利”。在国际道义问题上，中国人的看法普遍比较悲观。只有在“意识形态挂帅”的特殊时期，中国一度用革命的国际主义压倒了国家利益，还曾经走过一段弯路，经历了一些盟友的背叛和外交的混乱。国家利益至上是中国外交的基本历史教训。

“正确义利观”的提出，实际上再次抛出了这个重要理论命题：当今世界还跟过去一样，是一个赤裸裸的强权即真理的世界吗？对这个问题的争论将长期进行。但大多数的理论家有一个基本共识：当代国际政治处在新旧交替的变革阶段。这种变革不仅是新兴力量崛起引发的格局变化，也包括国际规则和文化的变化，主要体现在三个方面：

第一是国际和平初现曙光。康德的预言被其后几百年的欧洲历史无情嘲弄，但至少在二战以后的欧洲国际关系中获得了初次的证明。看看今天欧洲国家间的关系，很难想象其一百年前的样子。人类社会在战争问题上似乎确实在向前进化。在相当长的历史时期内，战争是国家间的常态，和平是非常态。而对于今天的大多数国家来说，和平是常态，战争是非常态。当然，我们不可能立刻从马基雅弗利的世界跨入康德的世界，中间还有许多曲折反复，对和平的威胁可能长期存在。正如习近平在中央外事工作会议上的讲话中所指出的，“要充分估计国际矛盾和斗争的尖锐性，更要看到和平与发展的时代主题不会改变”。在以和平为主题的国际关系中，国际道义有了重新认识和估值的前提。

第二是国际合作成为主流。即便是对国际关系持悲观看法的人，也承认今天的国际关系中有大量的合作存在。我们能在中国的对外关系中找出一百条领土纠纷、政治矛盾、利益摩擦的事例，但也能找出一千条每天都在推进、不断拓展的对外合作事例。在当今时代，国家间的合作不只是一种政治意志，更是全球化推动的客观结果，有时候甚至不再以政治意志为转移。从普遍的哲学意义上说，合作为道义提供了基础。合作性的国际关系，必然导致国际道义。比如，如果国家间不讲基本信义，那么国家间的合作怎么能够持久进行呢？没有基本的国际道德规则，一切为国际合作而制定的制度，包括国际组织、国际法、贸易和金融机制都将无以为继。国际合作性的增强，必定意味着国际道义性的增强。

第三是国际舆论力量增强。斯诺登事件代表了当今国际政治的一种典型特征：在现有的技术条件下，外交事务的秘密性和隔绝性被加速打破。信息很难被封闭，大大小小的外交政策，都可能要接受社会价值的检验和丈量。两百年前欧洲殖民者在非洲疯狂掠夺、草菅人命，欧洲人只看到殖民统治给本国带来的好处，而对具体的暴行所知不多。即使丑闻被揭露，还可以买通媒体、控制舆论。今天，跨国企业稍有不慎，就可能引发舆论的风暴，甚至被本国人民所抛弃，造成难以估量的损失。今天再要把所谓政治家的道德和普通人的道德分开是难以实行的。不能展现出普通人道德的政治人物，根本就当不了政治家。

上述国际关系的和平与合作特征，正好可以合为中国古代思想中的“合和”二字。正确义利观的背后，实际上体现的是合和的世界观。在新的世界规则中，道义是必需，也是力量。而中国在这方面面临的形势尤其特殊。

（二）义利合一：中国传统的战略智慧

在中国古代的话语体系中，“义”的含义非常广泛，甚至在英文中很难找到对应的词汇，一般翻译为“justice”，但它只包含了“正义”的概念，“信义”“情义”“道义”等含义都没有涵盖其中。但总体来说，“义者循理”“义者宜也”，是以“应该怎么办”而不是“需要怎么办”为核心的。《论语》所说的“君子喻于义，小人喻于利”，是明确把义、利分立起来的。但儒家的义、利分立，并不意味着二者绝对的对立。而墨子则干脆说“义，利也”，把义利明确统一起来。习近平指出：“义，反映的是我们的一个理念，共产党人、社会主义国家的理念。这个世界上一部分人过得很好，一部分人过得很不好，不是个好现象。真正的快乐幸福是大家共同快乐、共同幸福。我们希望全世界共同发展，特别是希望广大发展中国家加快发展。利，就是要恪守互利共赢原则，不搞我赢你输，要实现双赢。我们有义务对贫穷的国家给予力所能及的帮助，有时甚至要重义轻利、舍利取义，绝不能唯利是图、斤斤计较。”在这个表述中，义是共同之利，利则包含应有之义。这种辩证统一的义利观，是对由西方发展起来的、以简单国家利益为核心的现代外交思想的补充和发展。

要理解义利合一的辩证外交思想，就要从根本上理解国家长远利益和短期利益、宏观利益和局部利益的统一。在这方面，中国外交面临一些特殊的形势，包括：

首先，从宏观上来看是硬实力增长的同时软实力滞后。这是一个非常尴尬的阶段。一方面，由于国家间竞争继续存在，中国硬实力的增长必然引发一部分国家的猜疑、嫉妒甚至反制；另一方面，由于软实力缺失，中国尚不能充分把上升的实力转化为领导力，在周边、非洲等重要外交舞台上被西方妖魔化，矛盾多发、并发。中国要提升软实力，就必须在外交上超越"精致的利己主义"，多融利、分利、让利，这样才能交到更多的真朋友，获取深入的理解和尊重。习近平多次提到"亲、诚、惠、容""国之交在民相亲"，其中的"亲"字，体现了中国的思想特色：对宏观"关系"格局的重视要大于对眼前微观利益的关注。"重情义"就意味着关系决定利益，而不是利益决定关系。这是中国式的处世哲学在外交思想上的反映。

其次，从中观上来看是国际领导力和话语权的缺失。这集中体现在国际组织和国际规则建立和制定过程中。当前中国外交的一大特征是高度重视多边外交、积极推动国际创制。然而，任何一个国际组织背后都有一套价值观在支撑；任何一种国际规则，都是对国际上现存问题的看法。美国高举自由主义的大旗，领导创建了战后国际秩序。中国要推动国际秩序变革，就不但要指出现存秩序的不合理、不公正之处，还要系统地阐明当代"国际正义"的内涵，并创造性地提出其他国家能够普遍接受、共同获利的解决方案。中国外交要有价值观，这样才有话语权。"扬正义""树道义"的过程，就是推动国际秩序改革的过程。

最后，从微观来看还存在诚信不足和信誉缺口。中国作为一个国家整体，在国际信誉方面几乎无可挑剔。但在微观上，中国企业、中国人在对外关系中确实存在自身原因引发的声誉问题。从本质上来说，这是把国内的诚信缺失带到了国外。其中也有一些只顾自身利益、缺乏宏观和长远考虑的狭隘利己主义思维的影响。在正确义利观中，讲信义是排在第一位的。没有信义，情义、道义、正义都难以取信于人。同时，信义也是一切合作的基石。中国外交要积极推进对外合作，深度参与全球竞争；讲信义不是为他人，而是为自己。

在上述三个层次上，义与利在中国外交的客观形势和发展需求下实现统一。从长远和宏观来看，义、利不存在得失的分别。只有在具体和微观问题上，存在如何合理分配资源的问题。但无论如何，中国外交要超越过度精打细算、狭隘的国家利益思想。

（三）言行合一：国家形象的多维建构

中国的国家形象不只是面子问题，更是活生生的利益问题。中日在钓鱼岛问题上的纠纷，可能最终不会依靠军事对抗来解决，而要靠法理之争，其背后是国家实力和话语权的比拼。中国在海外的投资，最大的障碍可能不是国家间的政治矛盾，而是当地社会的接纳和认同；只有被当地社会接纳和认同，中国企业才能摆脱“政府爪牙”的偏见和产品卖不起价的困局。对于中美新型大国关系的建立，即便两国政府达成了基本共识，还需要社会之间提升战略互信。近年来，中国大力提倡公共外交，领导人身体力行，希望加深世界对中国的了解，提升中国的国家形象。但不能把公共外交狭义地理解为宣传和传播工作。正确义利观实际上指明：中国获得国际社会的理解和尊重，不仅要靠“讲好中国故事”，还要靠“做好中国实事”，把言与行结合起来。十八大以来，相关的政策实践已广泛开展，主要包括：

第一，扩大和深化对外援助。根据 2014 年发布的中国对外援助白皮书，中国在 2010 年至 2012 年对外援助资金 893.4 亿元人民币。2012 年十八大以后，随着正确义利观的提出，中国的对外援助在规模和质量上都进一步提升。从援助方式看，从政府间援助向民间援助、多边组织援助扩展，更加重视深入国外基层，直接服务于国外民众和社区发展。援助的内容也从基础设施建设向农业、民生、教育等方面发展。可以说，在正确义利观的指导下，中国的对外援助迎来了思想统一和战略协调的新时期。“多予少取、先予后取”的外交方针通过援助工作贯彻执行。随着“一带一路”倡议、亚投行倡议等的深入落实，中国的对外援助工作还将继续迈向更加成熟的阶段。

第二，维护国际正义，提供公共产品。十八大以后，中国在与本国利益相关不大的国际热点问题上开始更积极地作为，以维护国际正义和安全。叙利亚内战爆发以后，中国在第一时间派出特使，对冲突各方进行调解，并积极承担叙利亚化武的护航责任。中国海军在亚丁湾的护航常态化，与其他国家共同维护海洋秩序和航道安全。国家领导人在亚信

2017 年 5 月，中国承建的肯尼亚铁路通车。该铁路是肯尼亚独立以来修建的最大基建项目

峰会、博鳌亚洲论坛、亚太经合组织工商领导人峰会等场合积极发出带有中国思想的和平和发展倡议。通过亚投行、金砖国家金融机制等方面的慷慨出资，中国竭力为世界经济复苏和金融安全提供公共产品。

第三，规范中国企业在海外的行为，要求企业积极承担社会责任。中国企业的人员和资产派驻全球各地，成为中国国际责任的重要承载者，也是中国形象和文化的代表者。习近平作为国家主席首次出访，就在与非洲国家领导人早餐会上提出中国企业在海外的社会责任问题，并在安哥拉专门宴请中资企业代表，要求企业促进中非友好、树立良好形象。此后，政府主管部门、驻外使领馆、中资企业自身等，对国际社会责任的重视都大大加强。政府和企业、政治和经济双管齐下，为正确义利观的贯彻落实插上了双翅。

China's Wisdom

第 3 章

民族复兴历史进程中的外交担当

3 民族复兴历史进程中的外交担当

在中华民族五千年的文明史中，中华文明在大多数时间都居于世界前列。然而，进入 16 世纪以后，中国逐渐被西方列强抛在身后，与先进国家的差距越来越大，最终酿成 19 世纪中期至 20 世纪中期长达百年的深重苦难。幸运的是，历史并未抛弃中华民族。自 20 世纪中叶起，中华民族伟大复兴的历史进程逐渐启动。特别是在 20 世纪 70 年代末改革开放浪潮在神州大地澎湃涌动以来，这一历史进程不断加速。我们有理由相信，中华民族必将再次跻身世界民族之林。

第一节　追求历史使命的治国方略

纵观人类文明发展史，从欧洲的爱琴海滨到亚洲的印度河畔，从非洲的埃及文明到美洲的印加帝国，落后与贫穷就像一对形影不离的孪生兄弟。在内忧外患的冲击下，多少曾经辉煌无比、盛极一时的文明逐渐衰落，随之而来的是经济发展的迟滞甚至倒退，贫穷成为无处不在的普遍社会现象。一度跌入历史深渊的中华文明也不例外，19 世纪中叶以后，中国甚至遭遇了堪称人类文明史上人口规模最为庞大的集体贫穷。直至 20 世纪 80 年代，中国社会才基本达到温饱的生活水平。此后，又经过 30 多年的努力，今天的中国已成为世界第二大经济体，人民生活水平总体上接近全面小康。

然而，实现中华民族的伟大复兴，仅在经济总量上跻身世界前列是远远不够的。回顾近五百年来的历史，尽管在 19 世纪中叶以前的大多数时间里，明、清两朝的经济总量都是雄居世界榜首，但无法否认的是，古老的中国此时在经济发展上已逐渐被西方列强抛在身后。归根结底，规模庞大的经济总量固然重要，但先进合理的经济结构同样不可忽视。正因为如此，今天的中国正在加速推动经济结构的进一步优化，在成为经济大国的同时向当之无愧的经济强国迈进。

制造业是国民经济的主体，堪称立国之本、兴国之器、强国之基。自 18 世纪中叶开启工业文明以来，无论是西方列强的兴衰沉浮，还是

经过近 40 年改革开放，中国已成为世界第二大经济体，人民生活水平总体上接近全面小康

中华民族的艰难曲折，都充分表明，没有强大的制造业，就没有国家和民族的强盛。打造具有国际竞争力的制造业，是中国提升综合国力、保障国家安全、建设世界强国的必由之路。自中华人民共和国成立以来，经过几十年的不懈努力，中国制造业已形成门类齐全、独立完整的产业体系，有力地推动了国家工业化和现代化的进程，综合国力由此得到显著提升，为中国的世界大国地位夯实了物质基础。然而，与世界先进水平相比，中国制造业仍然大而不强，在自主创新能力、资源利用效率、产业结构水平、信息化程度、质量效益等方面差距明显，转型升级和跨越发展的任务紧迫而艰巨。

针对上述问题，十八大以来，中国政府将制造业的发展提升到了前所未有的战略高度。2015 年 3 月 5 日，国务院总理李克强在全国“两会”上做《政府工作报告》时首次提出“中国制造 2025”的宏大计划。两个月后，2015 年 5 月 8 日，国务院正式印发《中国制造 2025》。这一计划明确提出以“创新驱动、质量为先、绿色发展、结构优化、人才为本”为发展制造业的基本方针，强调发展制造业坚持“市场主导，政府引导；立足当前，着眼长远；整体推进，重点突破；自主发展，开放合作”的基本原则，通过“三步走”实现制造业强国的战略目标。

第一步：力争用十年时间，迈入制造业强国行列。到2020年，基本实现工业化，制造业信息化水平大幅提升。掌握一批重点领域关键核心技术，优势领域竞争力进一步增强。制造业的数字化、网络化、智能化水平有明显提升。重点行业单位工业增加值能耗、物耗及污染物排放明显下降。到2025年，制造业整体水平实现大幅提升，创新能力显著增强，全员劳动生产率明显提高，“两化”（工业化和信息化）融合迈上新台阶。重点行业单位工业增加值能耗、物耗及污染物排放达到世界先进水平。形成一批具有较强国际竞争力的跨国公司和产业集群，在全球产业分工和价值链中的地位明显提升。

第二步：到2035年，中国制造业整体达到世界制造业强国阵营中等水平。创新能力大幅提升，重点领域发展取得重大突破，整体竞争力明显增强，优势行业形成全球创新引领能力，全面实现工业化。

第三步：新中国成立一百年时，中国制造业大国地位更加巩固，综合实力进入世界制造业强国前列。制造业主要领域具有创新引领能力和明显竞争优势，建成全球领先的技术体系和产业体系。

要实现这样宏大的目标，关起门来搞建设的老路显然是行不通的。经过30多年的改革开放，中国经济正在实现从“引进来”到“引进来”和“走出去”并重的重大转变，只有坚持对外开放，深度融入世界经济，才能实现可持续发展。就在中国政府发布《中国制造2025》计划之后不久，与德国“工业4.0”战略的对接合作就被提上了议事日程。

2015年12月23日，国务院发布了关于中德（沈阳）高端装备制造产业园建设方案的批复文件。作为《中国制造2025》与德国“工业4.0”战略对接合作的重要载体，中德（沈阳）高端装备制造产业园成为国家批复的第一个以中德高端装备制造产业合作为主题的战略平台。该产业园坐落于东北装备制造业密集区沈阳铁西区，聚集了规模以上企业482家，跨国公司超100家，世界500强企业超50家，宝马、巴斯夫等22家德资企业都在此集中落户。宝马将全球技术最先进的整车工厂、发动机工厂以及本土之外唯一的研发中心都设在了这里。《中国制造2025》的代表性企业沈阳机床等也集中于此。作为国家战略，中德高端装备制造产业园将担负起承接中德两国制造业深度合作、实现信息化和工业化深度融合的使命，最终建成为新型工业化道路示范区与世界级装备制造业集聚区。

在中国迈向世界经济强国的道路上，《中国制造 2025》与德国“工业 4.0”战略的对接合作只是中国对外合作的一个缩影。事实上，从“一带一路”倡议的提出到亚投行的成立，从二十国集团、亚太经合组织、区域全面经济伙伴关系等多边合作机制的兴起到中韩、中澳等双边自由贸易协定的达成，中国外交正在以前所未有的深度和广度为中国经济发展塑造有利的国际环境、打开互利共赢的合作窗口，中国经济与世界经济之间的良性互动格局已见雏形。

与经济强盛一样，国家统一也是中华民族伟大复兴的重要目标。在中华民族五千年的文明史中，尽管国家曾陷入割据分裂，但仔细观察后不难发现，国家统一始终是中华民族文明史的主流，割据分裂只是这一主流中的小片段而已。20 世纪 90 年代，随着香港、澳门先后回归祖国，近代以来列强入侵造成的国家分裂的耻辱已得到彻底洗刷，中国已前所未有地接近完全统一。

1997 年香港回归政权交接仪式

2016年11月11日，习近平在纪念孙中山先生诞辰150周年大会上的讲话中特别指出："孙中山先生的伟大，不仅在于他领导了辛亥革命，而且在于他为了实现革命理想，与时俱进完善自己的革命理念和斗争方略，毫不妥协同逆时代潮流而动的各种势力进行斗争。他坚决反对军阀分裂割据，坚定维护民主共和制度和国家完整统一。"① 尽管当前及今后相当长一段时间内海峡两岸关系形势趋于复杂，但显而易见，实现国家的完全统一将始终是中华民族和中国政府毫不动摇的奋斗目标。习近平的这一段话表明了中华民族和中国政府追求国家完全统一的决心："实现祖国完全统一，是中华民族根本利益所在，也是全体中华儿女的共同愿望和神圣职责。确保国家完整不被分裂，维护中华民族根本利益，是全体中华儿女共同意志，是不可阻挡的历史潮流。"②

国家治理体系和治理能力的现代化是实现经济强盛、国家统一的民族复兴目标的不可或缺的重要基础。国家治理体系和治理能力主要包含经济治理、政治治理、文化治理、社会治理、生态治理和党的建设六大板块。十八大以来，为推动国家治理体系和治理能力的现代化，中国首先致力于实现治理的规范化，以完善的制度安排和规范的公共秩序为基本规范，推动经济治理、政治治理、文化治理、社会治理、生态治理和党的建设；其次致力于治理的法治化，任何主体的治理行为都必须充分尊重法律的权威，不允许任何组织和个人有超越法律的权力，真正"把权力关进制度的笼子里"；再次致力于治理的信息化，善于利用现代信息技术的成果武装国家治理，提高治理效率，减少治理成本；最后致力于治理的协调性，从中央到地方各个层级，从政府治理到社会治理，各种制度安排作为一个统一的整体相互协调。

今后，中国政府将继续通过全面治理的途径推动国家治理体系和治理能力现代化。一方面，树立公共权力观和法治权力观，明确权力的委托属性，即人民是权力的委托者、监督者、制约者，树立牢固的服务意

①② 习近平．在纪念孙中山先生诞辰150周年大会上的讲话．新华网，2016-11-11.

识，尊重人民主体地位，用法律规范、治理和控制国家的权力，依法执政、依法行政、依法治国，运用好人民赋予的权力，执行人民的意志，维护人民的利益，做到执政为民、勤政为民。另一方面，进一步理顺治理主体之间的协调匹配，处理好政府、市场、社会之间的关系。事实上，中国政府一直随着市场经济的发展与深化进行适应性的调整与转变，从全能型政府到经济建设型政府再到服务型政府，政府体制改革取得了显著的成绩。具体而言，就是将市场与社会纳入国家治理的主体范畴，政府、市场、社会各归其位，形成既相互制约又相互支撑的分工体系。尊重市场经济发展的客观规律，让市场在资源配置中起决定性作用；促进社会主体组织化发展，分散国家治理资源，在多元、集体、互动的治理模式中，解决庞杂、专业的社会问题。促进政府职能转变，为创新公共服务管理模式提供坚实基础。

展望未来，以全面治理为途径，通过国家治理体系和治理能力的现代化，实现经济强盛和国家统一，最终完成中华民族伟大复兴的历史使命。一套完整的治国方略已经清晰地展示在世人面前。而在民族复兴的伟大历史进程中，中国特色大国外交正在担当、可以担当以及将要担当何种角色，不能不让人关注。

第二节　寻求全球影响的中国特色大国外交

和近代以来诸多列强的相继崛起不同，当今中华民族的伟大复兴不可能通过对外军事扩张的战争手段实现。中国的国家属性、中华民族的文化特性和当今人类文明的发展程度都决定了中华民族的复兴只能走和平发展的道路。与此同时，随着科学技术日新月异的发展，世界各国的政治、经济、社会之间正在发生前所未有的密切联系。尽管近年来反全球化运动在一些国家有不同程度的抬头，但二战结束70多年来，全球化和区域化已拥有相当的存量，已呈现难以逆转的发展势头。

在这种背景下，中华民族的伟大复兴需要中国外交以更加积极、自信、包容、开放的心态走出去，营造和平友善的国际环境，开辟国际合作的新渠道，创造互利共赢的新机遇。事实上，十八大以来，中国政府统筹国内国际两个大局、统筹发展安全两件大事，以积极进取、奋发有为的姿态开展中国特色大国外交，在保持外交大政方针稳定性和连续性的同时，将继承与创新、坚持与发展有机结合起来，深入推进中国特色大国外交理论与实践创新，开创了中国外交的新特色、新风格、新气派。

在寻求全球影响的中国特色大国外交中，和平发展的战略理念不断得到丰富和完善。近年来，中国政府一直强调，和平发展道路对中国有利、对世界有利，走和平发展道路是中国的战略选择，不是权宜之计，不是外交辞令，而是从历史、现实、未来的客观判断中得出的结论，中国将始终做世界和平的建设者、全球发展的贡献者、国际秩序的维护者。2014 年 3 月 28 日，习近平在德国科尔伯基金会发表演讲时对中国的和平发展思想予以深入阐释，强调中国走和平发展道路，是根据时代发展潮流和国家根本利益做出的战略抉择，是理论自信和实践自觉的有机统一。当然，中国坚持走和平发展道路，并不意味着放弃国家的正当权益，更不意味着牺牲国家核心利益。任何外国不要指望中国会拿自己的核心利益做交易，不要指望中国会吞下损害国家主权、安全、发展利益的苦果。中国走和平发展道路，其他国家也都要走和平发展道路，只有各国都走和平发展道路，各国才能共同发展，才能和平相处。

基于和平发展的战略理念，构建以合作共赢为核心的新型国际关系成为中国特色大国外交的亮点。中国是首个将合作共赢作为处理国与国关系目标的大国。2013 年，习近平在对俄罗斯进行国事访问期间，提出各国应共同推动建立以合作共赢为核心的新型国际关系，各国人民应该一起维护世界和平、促进共同发展。2014 年，习近平在中央外事工作会议上强调，推动建立以合作共赢为核心的新型国际关系，要将合作共赢体现到政治、经济、安全、文化等对外合作的方方面面。在此基础上，中国外交于 2015 年推出了打造人类命运共同体的新理念。从博鳌亚洲论坛到联合国系列会议，人类命运共同体的新理念得到全面系统的阐述。具体而言，它包括以下几方面：建立平等相待、互商互谅的伙伴关系；营造公道正义、共建共享的安全格局；谋求开放创新、包容互惠的发展前景；促进和而不同、兼收并蓄的文明交流；构筑尊崇自然、绿色发展的生态体系。打造人类命运共同体“五位一体”的总路径和总布局已逐渐形成。

在和平发展道路、以合作共赢为核心的新型国际关系和人类命运共同体等战略理念指导下，全球伙伴关系网络在中国特色大国外交中的战略地位日益凸显。与以往列强党同伐异的军事政治同盟不同，中国特色大国外交强调，志同道合是伙伴，求同存异也是伙伴，要在坚持不结盟原则的前提下广交朋友，体现平等性、和平性、包容性的时代特征，建设遍布全球的伙伴关系网络。中国外交坚持结伴不结盟的成功实践由此得到进一步升华。

与全球伙伴关系网络一样，“一带一路”倡议也是中国特色大国外交的重要载体。2013 年，中国相继提出建设“丝绸之路经济带”和“21 世纪海上丝绸之路”的倡议。建设“一带一路”，是中国政府在新时期做出的重大战略决策，是实施新一轮扩大开放的重要举措。“一带一路”贯穿欧亚大陆，东连亚太经济圈，西接欧洲经济圈。历史上，陆上丝绸之路和海上丝绸之路就是中国同中亚、东南亚、南亚、西亚、东非、欧洲进行经贸和文化交流的大通道。“一带一路”倡议是对古丝绸之路的传承和提升，顺应了时代要求和各国加快发展的愿望，提供了一个具有巨大包容性的发展平台，具有深厚历史渊源和人文基础，能够把快速发展的中国经济同沿线国家的利益结合起来。“一带一路”倡议是发展的倡议、合作的倡议、开放的倡议，强调的是共商、共建、共享的平等互利方式，追求的是沿线各国政策沟通、设施联通、贸易畅通、资金融通、民心相通。加快“一带一路”建设，有助于加强不同文明交流互鉴，促进世界和平发展。

“一带一路”和互联互通相融相近、相辅相成。如果将“一带一路”比喻为两只翅膀，那么互联互通就是两只翅膀的血脉经络。这里的互联互通，不仅是指修路架桥，不光是平面化和单线条的联通，而是全方位、立体化、网络状的大联通，是生机勃勃、群策群力的开放系统。为推动与沿线国家共建“一带一路”、实现合作共赢，中国先后设立丝路基金、倡议成立亚投行和金砖银行。

除“一带一路”倡议外，寻求全球影响的中国特色大国外交积极倡导和践行多边主义，高度重视联合国的作用，始终维护联合国宪章宗旨和原则以及其他公认的国际关系基本准则，支持二十国集团、上合组织、金砖国家等发挥积极作用，推动亚信为亚洲安全发挥更大作用，搭建地区安全和合作新架构大力推动国际发展事业，积极推动实现联合国千年发展目标，积极应对气候变化等全球性问题。随着国力不断增强，中国正在力所能及的范围内承担更多的国际责任和义务。

寻求全球影响的中国特色外交也致力于推动全球治理体系朝着更加公正合理的方向发展。新兴市场国家和一大批发展中国家快速发展，国际影响力不断增强，是近代以来国际力量对比中最具革命性的变化。经济全球化深入发展，把世界各国的利益和命运更加紧密地联系在一起，很多问题不再局限于一国内部，很多挑战也不再是一国之力所能应对的。世界上的事情越来越需要各国共同商量着办，建立国际机制、遵守国际规则、追求国际正义成为多数国家的共识。

中国特色大国外交主张创新完善全球治理体制，使其更好地反映国际格局的变化，更加平衡地反映大多数国家特别是新兴市场国家和发展中国家的意愿和利益。为此，中国特色大国外交坚定维护以《联合国宪章》宗旨和原则为核心的国际秩序和国际体系，维护和巩固第二次世界大战的胜利成果，积极维护开放型世界经济体制，提高国际法在全球治理中的地位和作用，推动建设和完善区域合作机制，增强国际社会应对资源能源安全、粮食安全、网络信息安全，应对气候变化，打击恐怖主义，防范重大传染性疾病等全球性挑战的能力。

在推动全球治理理念创新发展的同时，中国特色大国外交积极发掘中华文化中积极的处世之道和治理理念同当今时代的共鸣点，努力为完善全球治理贡献中国智慧、中国力量。中国特色大国外交坚持从中国国情出发，坚持权利和义务相平衡，不仅看到中国发展对世界的要求，也看到国际社会对中国的期待。中国特色大国外交坚持发展中国家定位，把维护中国利益同维护广大发展中国家共同利益结合起来。在这一过程中，中国保持开放、透明、包容的姿态，同二十国集团各成员加强沟通和协调，促使二十国集团顺利完成从危机应对机制向长效治理机制转变，巩固作为全球经济治理主要平台的地位。

总之，对外开放是中国的基本国策。开放带来进步，封闭导致落后，这已为世界和中国发展实践所证明。以开放促改革、促发展，是中国发展不断取得新成就的重要法宝。随着中国同世界的互动越来越紧密，机遇共享、命运与共的关系日益凸显。中国特色大国外交将坚定不移地提高开放型经济水平，坚定不移地引进外资和外来技术，坚定不移地完善对外开放体制机制，为经济发展注入新动力、增添新活力、拓展新空间。中国特色大国外交将实行更加积极主动的开放战略，完善互利共赢、多元平衡、安全高效的开放型经济体系，促进沿海内陆沿边开放优势互补，形成引领国际经济合作和竞争的开放区域，培育带动区域发展的开放高地。中国特色大国外交将以更加开放的胸襟、更加包容的心态、更加宽广的视角，大力开展中外文化交流，为推动人类文明进步做出应有的贡献。

第三节　实现两个机遇的相互转化

中国特色大国外交能否在中华民族的伟大复兴中实现自己的历史担当，很大程度上取决于能否将中国的机遇转化为世界的机遇以及能否将世界的机遇转化为中国的机遇，从而推动这一历史进程在中国与世界各国的良性互动、互利共赢中开拓前行。

一方面，中国特色大国外交要将中国的机遇转化为世界的机遇。2016 年 11 月 5 日，国务院总理李克强出席第六届中国—中东欧国家经贸论坛时发表主旨演讲，指出：“中国经济总量已超过 10 万亿美元，现在 6.7％的增长形成的增量相当于 5 年前增长 10％的增量，一年的经济增量相当于一个中等规模经济体的经济总量。预计未来 5 年中国进口总额将达 8 万亿美元，利用外资总额达 6 000 亿美元，对外投资总额达 7 200 亿美元，出境旅游超过 6 亿人次。中国的市场是开放的，而且会越来越开放。这必将为包括中东欧国家在内的各国企业带来巨大商机。”① 这段话以生动翔实的数据清晰阐释了中国的发展何以成为世界的机遇。近年来，世界经济复苏远不及预期，全球贸易处于 30 年来最严峻的时期，各国发展面临不少困难和挑战。2016 年 9 月，二十国集团杭州峰会强调努力建设开放型世界经济，重振国际贸易和投资两大引擎，确保全球化背景下的经济增长提供惠及更多人的机遇。中国将与世界各国一道，顺应经济全球化发展的大势，合力推动贸易和投资自由化、便利化，共同反对贸易和投资保护主义，拓展各领域务实合作，既为自身发展提供动力，也为世界经济复苏贡献力量。

为实现上述目标，中国将进一步扩大双向贸易规模，大力营造良好的贸易投资环境，建立健全海关、检验检疫沟通协调机制，发展跨境电子商务等新型贸易方式。中国将加快推进互联互通，鼓励有实力的企业以多种形式参与世界各国基础设施建设。中国将深入开展产能合作，愿与有条件的国家共建产业园区和技术园区，开展农产品深加工合作，帮助发展中国家提升工业化水平和农产品附加值，增强可持续发展能力。中国有成熟的、技术水平和配套服务良好的、性价比高的优势装备和产能，发展中国家有加快工业化的需求，发达国家有先进的技术和管理经验，把三方的优势结合起来，能够实现多赢和共赢。中国还将创新金融合作模式，通过商业化运作从全球市场募集资金，支持采购中国装备和产品的互联互通和产能合作项目。中国还将挖掘旅游合作潜力，推动各方进一步放宽签证政策，简化入境手续，开通更多直航，为游客观光、购物提供更为优质的服务，通过不断深化人文交流，进一步拉紧中国与

---

① 李克强．做长期稳定合作共赢的好伙伴——在第六届中国—中东欧国家经贸论坛上的主旨演讲．新华网，2016-11-07．

各国人民的感情纽带，打造国际合作的新亮点。

另一方面，中国特色大国外交要将世界的机遇转化为中国的机遇。尽管近年来经济全球化和区域化进程中暴露出来的一些弊端受到越来越多的诟病，甚至在一些国家兴起了反全球化和反区域化运动，但以贸易自由化、生产国际化、资本跨国化和科技流动化为基本特征的全球化与区域化仍为人类文明发展大势所趋，且这一趋势很难得到根本逆转，这也为中国的发展提供了宝贵的外部机遇。

就贸易自由化而言，随着跨国货物贸易、服务贸易、技术贸易的加速发展，全球及区域多边贸易体制总体上不断趋于完善，这加快了国际贸易的增长速度，推动了全球及区域贸易自由化的发展。就生产国际化而言，以互联网为标志的科技革命，从时间和空间上缩小了各国之间的距离，促使世界贸易结构发生巨大变化，促使生产要素跨国流动，为跨国界生产提供了条件。就资本跨国化而言，世界性的金融机构网络已浮出水面，大量的金融业务跨国界进行，跨国贷款、跨国证券发行和跨国并购体系已经形成，世界各主要金融市场在时间上相互接续、在价格上相互联动，几秒钟内就能实现成千上万亿美元的交易，尤其是外汇市场已经成为世界上最具流动性和全天候的市场。就科技流动化而言，各国科技资源在全球范围内趋于优化配置，先进技术和研发能力可以实现大规模跨国界转移，跨国界联合研发广泛存在。以信息技术产业为典型代表，各国的技术标准越来越趋向一致。

在上述背景下，外交工作越来越成为中国国家决策中最重要的一环。随之而来的是，从政府到社会，涉外部门和领域增多，对外决策多元化，外交工作对象多样化。中国外交部作为传统的外交政策执行部门面临角色转型，不仅要掌握国家宏观的外交战略方针，还需要妥善应对经济、技术等诸多专业领域的需求与挑战。与此同时，外交部之外的其他部门也对外交工作有更多的参与甚至决策机会。

作为中国的国家立法机关，全国人民代表大会同世界各国议会和多边议会组织有着非常密切的交流合作，主要体现于以下三方面：首先，巩固拓展议会机制交流。中国全国人大与俄罗斯联邦委员会、国家杜马共同建立新的中俄议会合作委员会，该委员会由两国立法机关领导人共同主持；安排美国众议院高级别代表团访华并首次访问西藏；与欧洲议会举行两次机制交流会议；重启中断多年的中日议会交流机制；正式启动与蒙古国家大呼拉尔机制的交流；与秘鲁、阿根廷议会建立政治对话机制。其次，推进议会多边外交。全国人大常委会委员长率团出席在纽约联合国总部召开的第四次世界议长大会，提出将“和平与发展”列入大会主题、把消除贫困和促进经济社会发展作为2030年可持续发展议程的核心目标等主张；出席在俄罗斯举行的首次金砖国家议会论坛，丰富了金砖国家的合作内容；参与各国议会联盟、亚太议会论坛、亚洲议会大会等多边组织活动，主动提出中国倡议。最后，密切各层次友好往来。开展与韩国、印度、法国、匈牙利等国议会的高层交往，仅在2015年一年中即接待巴基斯坦、意大利、南非、孟加拉国、越南等国家的49个议会代表团和其他来访团；发挥全国人大外事委员会交流窗口作用，推进有关专门委员会、工作委员会与外国议会的对口交流；围绕深化务实合作，推动“一带一路”建设，与有关国家发展战略对接，加强政策协调和法律保障，完善有利于合作的政策和法律环境；结合重点立法项目，开展立法经验互学互鉴。

不仅如此，一些传统上被认为与外交工作联系不大的政府机构也有了越来越多的对外交往。最高人民法院在2016年工作报告中明确将加强国际司法协助和交流作为重要工作内容之一。具体而言，包括扩大国际司法协助覆盖面，办理相关案件2 210件；加强国际司法合作，服务中国企业“走出去”；成功举办博鳌亚洲论坛环境司法分论坛和金砖国家大法官论坛，建立国际多边司法交流平台。2015年9月，最高人民法院院长、首席大法官周强率团正式访问位于荷兰海牙的国际法院，开启了中国与世界上最重要的国际司法机构的官方交流。加强与俄罗斯、英国、法国、德国等欧洲主要国家之间的司法高层互访，探索开展与主要普通法国家司法高层机制性交流，助推中国与这些国家的双边关系发展。以建设中国法院博物馆新馆为契机，加强中外司法文化交流，获赠《拿破仑法典》第一版原物以及目前发现的世界最早的罗马法《民法大全》原版复制品等重要展品。

世界那么大，问题那么多，国际社会期待听到中国声音、看到中国方案。中国不能缺席世界上重要问题的解决。为实现两个机遇的相互转化，中国特色大国外交从战略理念、实施内容到执行部门都在不断地推陈出新。中国特色大国外交不是指只发展“与大国的外交”，而是指中国作为一个大国在外交上的原则、理念、模式和做法。中国特色大国外交不同于历史上或当今国际社会一些大国的外交，其核心原则是和平、发展、合作、共赢的理念。其中，共赢是中国政府 2012 年以来提出的新外交理念，针对零和博弈、赢者通吃的做法，展现了中国开放、包容、合作的大国姿态。而中国特色则要从中国外交在中国改革开放过程中承担的主要角色来理解，涉及维护国家主权、安全、发展利益；建设性参与解决全球性和热点问题；加快海外利益保护能力建设，切实保护我国公民和法人的安全。我们有理由相信，只要沿着这样的道路走下去，中国特色大国外交就能够为两个机遇的相互转化提供充分可靠的保障，就能够为中华民族的伟大复兴肩负起应有的外交担当。

第 4 章

运筹和维护大国关系

4 运筹和维护大国关系

十八大以来，大国关系一如既往地作为中国外交的重头戏而受到格外关注。以构建新型大国关系为突破口和着力点，我国进行了一系列理念和实践的重大创新，致力于在实现“两个一百年”奋斗目标的过程中，积极推动形成以良好的大国关系为“压舱石”的外部环境。中国外交准确把握国际大势，运筹大国关系取得了积极进展，中美、中俄、中欧等大国关系在健康稳定的轨道上继续稳步发展。

第一节　推进大国外交布局

大国关系一直以来都是中国外交最为重要的组成部分之一。自 20 世纪 70 年代末至今，中国改革开放和现代化建设得以顺利进行的一个外部条件就在于中国与世界上所有主要大国都保持了持续、稳定的良好合作关系。随着中国和平发展的步伐越来越快，以及与之相伴的同外部世界的交往越来越多，积极推进大国外交布局，从而进一步为民族复兴构建有利的外部战略环境，成为十八大以来中国外交奋发有为的一个努力方向。

具体而言，由于近年来中国发展所面临的外部环境特别是总体国际形势趋于复杂，因而构建一种更为积极和稳定的大国关系格局，已经成为中国的一项战略必需。也正因此，更好地推进大国外交布局成为十八大以来中国新一届中央领导集体从战略高度出发所进行的重大理念和实践创新。冷战结束后，国际政治、经济格局朝着多极化的方向持续发展。进入新世纪特别是 2008 年全球金融危机爆发以来，这一趋势呈现出了愈发加速的特点：一方面，因苏联解体而来的“胜利主义”思潮使西方尤其是美国对自身力量和制度过于自信，从而浪费了冷战终结带来的“和平红利”，出现了一系列对外战略的重大失误；另一方面，一批新兴市场经济大国和“中等强国”则不失时机地通过对内改革、对外开放，实现了在全球化浪潮中的持续、强劲、和平崛起。这一对相反态势的演进，使西方与非西方世界的力量对比出现自工业革命以来首次由西方向非西方转移的历史性趋势，并大大增加了国际政治博弈参与者的数量。其结果是，后冷战时期的地缘政治和国际形势变得更为复杂和难以预料。纷繁多变的当今世界形势深刻地影响了近年来国际政治的走向，使其呈现出热点繁多且相互交织的特点。这一特点尤其体现在以下三个方面：第一，世界上的各主要大国，包括中、美、俄以及欧洲各国等之间的战略博弈日益复杂和深化；第二，与大国战略博弈相关，亚太、欧洲、中东三大全球地缘政治热点地区的局势分别随着美国“亚太再平衡”战略的继续推进、乌克兰及叙利亚危机的不断发酵以及极端宗教组织“伊斯兰国”的崛起而出现了或微妙或急剧的新变化；第三，以非传统安全（尤其是网络安全和气候变化）、世界经济复苏及国际金融治理等为代表的各类全球性挑战日益加剧，从而对全球化时代人类社会的发展提出了新的课题。

在上述复杂的国际背景下，十八大以来，中国新一届中央领导集体把积极推进大国外交作为对外工作的重点，牢牢抓住了外交工作的主要矛盾。十八大以来，在中国诸多理念和实践创议尤其是“新型大国关系”的指引下，中国与当今世界“三强”——美国、俄罗斯和欧洲——的关系得以稳步向前发展，取得了一系列实实在在的成果，不仅惠及相关国家，更有利于世界的和平、发展与稳定。

第二节　中美构建新型大国关系

近年来，随着不断崛起的中国逐步走向世界舞台的中心，中美之间是否会陷入历史上新兴大国与守成大国间反复出现的所谓“修昔底德陷阱”，成为全世界普遍关注的一大热点议题。2009 年奥巴马就任美国总统后，美国开始大力推行“亚太再平衡”战略，这一问题因而变得更为引人注目。在这样的背景下，十八大以来，以习近平同志为核心的党中央从战略高度出发，提出了构建中美新型大国关系的全新战略理念，其最终目标就是跨越所谓“修昔底德陷阱”，实现中美两个大国间的和平共处与友好合作，从而为两国人民福祉乃至世界和平与发展做出顺应时代潮流的应有贡献。

2013年6月，习近平主席在与美国总统奥巴马举行著名的加州庄园会晤时，明确提出了“不冲突、不对抗、相互尊重、合作共赢”的14字方针，阐明了中美新型大国关系的核心内涵，并与美方就此达成了基本共识①。此后，在奥巴马于2014年11月对中国进行国事访问期间，习近平从增进战略互信、相互尊重、深化合作、管控分歧和敏感问题、相互包容以及共同应对全球性挑战六个方面提出了推进构建中美新型大国关系的主张，以在双边、地区和全球等多层面促进两国关系的健康发展。在双方尤其是中方高层领导的积极推动下，中美在外交实践中通过元首峰会以及以一年一度的中美战略与经济对话为代表的各类交流沟通机制等多种形式，使新型大国关系的理念得以初步落实并不断深化，进一步拓宽了两国的合作空间。

具体而言，在十八大以来的中美外交互动实践中，新型大国关系的构建与发展表现在多个方面。习近平主席同奥巴马总统先后进行了国事互访，并实现了多次元首会晤，进行了多次通话，其中“庄园会晤”“瀛台夜话”“白宫秋叙”等令人印象深刻。这就说明，中美双方在最高领导人层面高度重视双边关系的发展，并致力于通过良好的个人关系为中美关系带来积极影响。例如，两国元首在“庄园会晤”中不打领带，坦诚、深入沟通，并且每次交流的时间长达数小时，这就为中美关系的稳定发展起到了战略上的引领作用。十八大以来，中美两国间的对话沟通更加频密、顺畅，这也成为新型大国关系稳步推进的表现。据不完全统计，当前中美政府间对话磋商机制已达上百个，其中中美战略与经济对话和人文交流高层磋商可谓中美战略沟通合作的旗舰平台，发挥着两国关系稳定器、减压阀的重要作用。2016年11月，美国新任总统选举产生，特朗普当选美国第45任总统。习近平主席发出贺电，表示

---

① 中美元首庄园会晤开启“跨越太平洋合作”新篇章．(2013-06-13). http://news.xinhuanet.com/mil/2013-06/13/c_124847404.htm.

加强两国合作的意愿。在 2017 年 1 月 20 日特朗普正式就任美国新一届总统后，习近平主席代表中国政府发电祝贺。2017 年 2 月，作为国家元首，两国领导人首次通话，特朗普总统表示尊重和奉行“一个中国”政策，中美关系在大框架下保持稳定状态可期。2017 年 4 月，习近平主席与特朗普总统举行首次会晤，为两国关系定纷止争。

十八大以来，中美经济合作上了一个新的台阶。例如，中美双边贸易额持续增长，2015 年达近 6 000 亿美元，这使得中国已经超越加拿大，首次成为美国第一大贸易伙伴。又如，两国的双向各类投资屡创新高，目前已经超过 1 500 亿美元，特别是中国企业对美投资呈“井喷”式增长，在 2015 年达创纪录的 150 亿美元。

安全方面，两军关系曾是中美关系的短板。十八大以来，由于重大军事行动相互通报信任措施和海空相遇安全行为准则两个互信机制的建立和不断完善，这块“板”已越来越长。此外，受益于十年旅游、商务多次签证和五年留学多次签证互惠安排等便利措施，中美人文交流日益活跃。2015 年，中美两国人员往来达到历史性的 475 万人次，同比增加 40 万人次。此外，由于两国民航保障很“给力”，2015 年，中美每周直达航班与 2014 年相比增加了 74 班。这些利好因素使得一场“说走就走”的旅行对两国老百姓来说已成为现实。

十八大以来，中美在国际地区和全球性问题上也有不少合作亮点。例如，经过两国与其他有关各方的共同努力，长达十多年的伊朗核问题达成全面协议，为国际社会应对地区热点问题提供了有益借鉴。作为目前全球排名前两位的碳排放国，中美携手推动联合国气候变化巴黎大会达成历史性的《巴黎协定》，展现了世界大国的担当和引领作用。在传染病疫情防控、打击海盗、救援减灾等非传统安全领域，中美合作也越来越多。2014 年，埃博拉疫情在西非肆虐时，中美发挥各自优势，与国际社会一道向有关国家伸出援手，使疫情最终得到有效控制。

当然，近几年来中美新型大国关系在实践中的构建与发展并非一帆风顺。美国虽然原则上同意这一战略理念并有政府官员发表正面评价，但其总体反应较为复杂和暧昧，并试图从自身立场出发对该理念进行重

2004 年 11 月 12 日，美国国务卿克里向中国公民颁发首批 10 年期赴美签证

新定义。2013 年 11 月 20 日，美国国家安全顾问苏珊·赖斯（Susan Rice）在乔治城大学发表演说时，表示美国将寻求具体实施新型大国关系，在两国利益存在交集的事务上形成更有深度的合作，同时管控不可避免的竞争关系。这被普遍认为是美方首次“承认”构建新型大国关系。此后，美国国务卿约翰·克里（John Kerry）在与中国国务委员杨洁篪举行会晤时，也表示中美拥有重要并且广泛的共同利益，双方要积极寻求加强务实合作、妥善管控分歧之道，推动美中新型大国关系建设。毫无疑问，赖斯和克里的上述表态都是美方对新型大国关系构建持肯定性评价的体现。

总体来看，三年多来的外交实践表明，美方对构建中美新型大国关系这一重要理念的落实力度依然存在很大提升空间。一方面，中美两国在经济合作、人文交流、反恐怖主义、气候变化、朝核问题及伊核问题等双边、地区和国际问题上开展了广泛合作，取得了一系列重要成果；但另一方面，中美双方围绕南海问题和诸多双边性议题——包括网络安全、贸易和人民币汇率等——的分歧和矛盾却并未得到根本缓解。同时，中国对外资超国民待遇的终结也引发了美国的不满。更重要的是，两国在亚太地区领导权上的竞争态势也愈发显著。因此，美国在外交实践中对构建中美新型大国关系一直心存疑虑、踌躇不前。

美方的这种态度至少源于其四个层次的战略考量。首先，美国认为当前中国的综合国力以及国际影响力还未达到与之平起平坐的程度，因此，其暂时还难以接受新型大国关系对于“平等”的强调。其次，从现实主义角度出发，美方依然认为自己无法确定中方的真实战略意图，甚至认为中国近年来的行为变得越来越“咄咄逼人”（assertive）。因此，美方在“两面下注”的过程中进一步突出防范甚至牵制中国崛起的一面，在它看来是战略上的需要。再次，作为世界霸主，美国在处理与其他国家关系的过程中历来更为主动，因此在接受中方的“新型大国关系”这一全新理念时存在困难，担心自身主动权旁落，尤其是华盛顿怀疑北京会不断扩大自身所谓“核心利益”的范围。最后，美国认为新型大国关系的概念相对空泛，缺乏具体操作的细节，所以无法十分明确地给予回应。总之，美国在态度上表现出了明显的犹豫和迟疑。当然，这并不代表新型大国关系的推进和实现存在不可逾越的障碍；相反，美方的上述疑虑可以通过双方的共同努力，在构建新型大国关系的实践中逐步消除。

对中国而言，值得注意的另一点是 2015 年上半年开始美国国内关于对华安全政策辩论所呈现出的消极景象。例如：华盛顿极具影响力的中国问题学者戴维·兰普顿（David Lampton）提出，中美关系已经到达一个“临界点”①；而前美国国防部官员白邦瑞（Michael Pillsbury）则认为，美国必须警惕中国一直以来所推行的“韬光养晦”，因为后者是一项旨在最终取代美国成为全球超级大国的“秘密战略”②；此外，罗伯特·D. 布莱克威尔（Robert D. Blackwill）和阿什利·J. 泰利斯

---

① LAMPTON D M. A Tipping Point in U. S. -China Relations Is Upon Us.（2015-05-11）. http://www.uscnpm.org/blog/2015/05/11q-tipping-point-in-u-s-china-relations-is-upon-us-part-i/.

② PILLSBURY M. The Hundred-Year Marathon：China's Secrete Strategy to Replace America as the Global Superpower. New York：Henry Holt and Company，2015.

(Ashley J. Tellis）在纽约对外关系委员会撰写的一份关于美国对华战略的特别报告中，同样提议美国应该大幅调整对华战略，强调突出军事力量和增强盟友体系①。在中方看来，美国国内传递出的上述信号至少表明当前中美安全关系中的分歧和矛盾需要谨慎应对和恰当管控。

在这些背景的基础上，我们便不难理解习近平主席 2015 年对美国所进行的国事访问的重大意义。总的来看，习近平主席于 2015 年 9 月 22 日至 25 日对美国进行的国事访问是十八大以来中国对美外交甚至整体外交中的“重头戏”，也是奥巴马任内中美两国互动的最重要事件。在国际形势和中美关系日趋复杂的背景下，“管控分歧、扩大合作”成为两国元首该次会晤的主题。具体而言，有三大主要看点和三个方面的成果。

就看点而言：第一，习近平主席对美国民众和社会进行了广泛的接触，不仅安排会见美国的工商界人士，而且还到访大学并与智库进行交流；第二，习近平主席和奥巴马总统举行了重要元首会晤，就一系列共同关心的双边、地区和国际重大问题进行了深入和坦诚的沟通；第三，习近平主席还代表中国政府在联合国大会上提出了自身关于国际秩序的一系列新理念和新看法。

就成果而论：第一，中美在推动双边安全合作方面达成了新共识，并取得了实实在在的协议。例如，双方在网络安全问题上达成重要共识，承诺共同探索网络空间的国家行为准则；又如，在气候变化问题上，双方再次确认在 2014 年中美联合声明的基础上强化合作；再如，在经贸领域，双方签署了巨额合作订单，包括中国从波音公司购买 300 架飞机，由此进一步拓展了合作空间；此外，双方还一致同意在一系列重大国际问题上加强沟通，并在地区安全特别是南海分歧等问题上积极探索危机管控的途径，降低误判和冲突风险。第二，中国再一次向美方表明了自身深化改革、保持开放、加深合作的意愿和决心，以化解美方

① BLACKWILL R D, TELLIS A J. Revising U.S. Grand Strategy toward China. Council on Foreign Relations Special Report, No. 72, March 2015.

疑虑，为两国关系发展注入新的“正能量”。第三，借此次访问，习近平主席还向美国社会各界“讲述中国的故事”，尤其是正在发生的事情，以帮助美国民众了解一个真实和全面的中国。

总之，习近平主席 2015 年的访美有助于在国际形势和中美关系趋于复杂的背景下保持两国关系的稳定与向前发展，从而为美国政府处理对华事务奠定了一个良好的基础。在这次元首峰会的影响下，中美关系自 2015 年下半年起逐步摆脱了此前由美国国内对华政策辩论带来的消极影响，开始在落实两国元首会晤共识的背景下展开有效的双边合作。例如，2015 年 12 月 2 日，中美首次就打击网络犯罪及相关事项进行了高级别联合对话，并正式决定建立网络安全热线机制，以及时处理可能出现的问题。此外，双方还就网络安全个案、网络反恐合作及执法培训等达成了广泛共识，致力于以此为契机，将这种合作打造成中美安全关系的新亮点。同时，两军交流在新型大国关系的框架下，也得到了进一步提升，特别是 2015 年中央军委副主席范长龙对美国的成功访问，使得两军在增进互信、管控风险方面迈出新的步伐。

当然，中美关系虽然在习近平主席访美后开始朝着积极的方向发展，但双边关系中的固有矛盾是长期积累的结果，只有两国继续进行沟通、协调与努力才有可能逐步化解。例如，有两个动向依然值得中美双方高度关注，并妥善进行应对。首先，美国针对中国在南沙的岛礁建设等问题继续频频施压和发难，甚至支持菲律宾推进南海国际仲裁，就“九段线”问题对华施压。不仅如此，2015 年 12 月 10 日，美军两架 B-52 轰炸机在执行例行飞行任务时，有一架突然“无意”间飞入中国在南海的华阳礁上空 2 海里范围内。此举引发了中国外交部和国防部的严重抗议和严正交涉。美国的这种行为表明，在其继续大力推进“亚太再平衡”战略，从而实现牵制中国崛起的这一目标不发生改变的情况下，双方围绕南海问题的博弈将是一个长期的过程，因为美方始终将其视为一个有力的战略抓手。其次，在台湾地区面临选举换届的敏感时期，奥巴马政府于 2015 年底决定对台出售价值约 18.3 亿美元的武器的行为，使中美关系因台湾问题再次面临波折。这一动向表明，随着 2016 年民进党蔡英文当选为台湾地区领导人，台湾问题在未来将可能成为中美安全关系中的一大棘手问题，需要双方进行恰当应对。

总之，十八大以来的中美关系依然体现出竞争与合作并存的复杂特征，并且大体延续了近年来竞争的一面持续凸显的趋势。当然，在习近平主席对美国历史性访问的影响下，两国关系开始出现了明显改善，但双方围绕一系列新老问题的分歧和矛盾并未得到根本解决，需要今后长期的努力，其中有效管控分歧并扩大合作是重中之重。经过双方的共同努力，我们有理由相信，十八大以来中国提出并在实践中积极推进的中美新型大国关系能够取得历史性成功，从而为世界和平与发展贡献出“中国智慧”。

第三节　中俄全面战略协作伙伴关系

十八大以来，中俄全面战略协作伙伴关系不断向前迈进，两国在经贸、安全、人文等多领域日渐深化的合作，以及双方在一系列国际和地区重大问题上相互协调与支持、共同推动构建新型国际关系和更加公平合理的国际新秩序的努力，使得中俄关系成为新型大国关系的典范。通过系统回顾近几年来中俄两国在各领域的合作，我们可以发现两个鲜明的特点：一是合作的领域异常广泛，合作愈发深入；二是合作的机制化水平和战略互信度不断提高。总之，以习近平主席和普京总统为首的两国领导人在各类场合经常使用的“高水平和特殊性”这一概括就是对当前中俄战略合作最为恰当和贴切的表述。

首先，在政治和战略领域，十八大以来的中俄伙伴关系高开高走，尤其是频繁的元首会晤使得双边关系的高水平和特殊性不断彰显。因此总的来看，中俄关系目前正处在历史上最好的时期。在过去几年的中俄外交互动中，最为引人注目的无疑是习近平主席于 2015 年 5 月出席俄罗斯纪念卫国战争胜利 70 周年庆典，以及普京总统于同年 9 月来华参加中国人民抗日战争暨世界反法西斯战争胜利 70 周年纪念活动这两件大事。可以说，两国领导人频繁的互访引领了两国以及两军关系的健康发展，进一步巩固和推动了中俄战略协作伙伴关系的不断深化，而中俄两个世界大国关系的稳定对于世界和平与合作也有着不言而喻的重要意义。基于此，如果对十八大以来中俄政治、战略关系的发展做一概括的话，那就是双方的关系无论是在战略高度、合作深度上还是在合作广度上都实现了进一步发展和延伸，中俄全面战略协作伙伴关系的基础不断得到夯实。具体而言，这种夯实体现在如下两个方面：

第一，站在双边关系的战略高度，习近平主席和普京总统在近几年里举行了十几次双边会晤，达成了诸如中俄关系“三个不变”等重要共识，即无论国际和地区形势怎么变，双方坚持巩固和深化中俄全面战略协作伙伴关系的方针不会变，致力于实现两国共同发展振兴的目标不会变，携手捍卫国际公平正义及世界和平稳定的决心不会变①。在上述重要共识的引领下，中俄全面战略协作伙伴关系的推进具有了明确的发展方向。

第二，从双边战略合作的深度讲，中俄两国领导人在莫斯科和北京的会晤达成了许多具体共识，强调扩大相互开放、深化利益交融，取得了不少务实性的成果，特别是在经贸等重点领域取得了新的进展，一些具有重要意义的项目和领域取得突破。仅 2015 年 9 月在北京，双方就广泛签署了涉及外交、基础设施、地方、海关、经济、能源、投资、金融、贸易、电力、交通、网络、汽车等领域的 20 余项合作协议。此外，两国还不断挖掘各自的潜力和优势，扩大了在能源、农业、高铁、航空、航天、金融投资、基础设施建设、远东开发等方面的合作。

其次，在安全领域，十八大以来，中俄两国的安全合作水平不断提高，领域越来越广。例如，双方的合作既涵盖了军事技术、军事产品、联合军事演习等传统安全领域，也囊括了反恐、网络安全及能源安全等非传统安全领域。就军事技术和军事产品而言，随着合作的不断深化，

---

① 外交部. 继续推动中俄全面战略协作伙伴关系高水平发展.（2016-01-04）. http://world.people.com.cn/n1/2016/0104/c1002-28011103.html.

中俄目前已经进入了“互补式”合作的阶段，即中国不仅从俄罗斯进口军事技术和产品（如2014年，中国在采购俄罗斯苏-35战斗机方面的谈判取得重大进展），也向后者出口大量军品，如无人机、微电子元器件等；此外，双方还于2014年9月初确定在对方境内互设3个导航卫星地面控制站，从而确保两国定位导航的安全性①。就举行联合军事演习而言，中俄两国在近年来成功举行了多次“海上联合”演习（其间，两国海军也作为混合舰队成员演练了教学战斗任务），从而极大地提升了双方军事安全合作的水平。在2015年5月习近平主席访俄期间，中航工业与俄直升机公司共同签署了先进重型直升机项目合作框架协议；同时就中俄联合研制飞机发动机、俄对华供应S-400防空系统等进行了商讨。随后，中央军委副主席许其亮也成功访俄，取得了一系列重要成果。此外，中俄两军还分别在地中海和日本海举行了“海上联合—2015（I）（II）”两场大规模军事演习，中国海、陆、空三军官兵赴俄参加了国际军事比赛全部12个项目；中国军队还在莫斯科举办了“中国军事文化周”活动，增进了两军之间的交流与合作；俄军作为外方代表，参加了中国人民抗日战争暨世界反法西斯战争胜利70周年的阅兵活动，成为中俄安全关系不断深化的生动写照。

就非传统安全领域的合作而言，第一，中俄在执法安全合作、共同打击“三股势力”方面成效显著。2014年6月，习近平主席在会见俄罗斯联邦安全会议秘书帕特鲁舍夫时，再次强调了中俄共同打击“三股势力”对于维护地区和平稳定的关键作用，而俄方也表示愿意进一步通过类似的合作全面提升中俄战略合作的水平。第二，在网络安全方面，中俄第二轮信息安全问题磋商于2014年10月15日至16日在莫斯科举行，俄罗斯代表团由俄罗斯总统信息安全领域国际合作问题特别代表安德烈·克鲁茨基赫率领，中国代表团由中国外交部网络安全事务协调员傅聪带队。在此次磋商中，双方证实将准备联合打击利用通信技术干涉国

---

① 任晶晶．磨合与塑造：周边安全形势的新常态——中国周边安全形势评估报告（2014—2015）．（2015-01）．http://crss.net.cn/html/2015-01/2982.html.

2015 年 8 月 26 日，中俄两军海军陆战队在俄罗斯符拉迪沃斯托克进行了立体联合登陆科目的演练

家内部事务、破坏国家主权、扰乱公共秩序和以其他恐怖主义活动和犯罪为目的的行为。第三，在能源安全方面，中俄于 2014 年 5 月 21 日正式签署《中俄东线供气购销合同》，结束了始于 2004 年的中俄天然气“马拉松”式谈判。根据双方商定，从 2018 年起，俄罗斯开始通过中俄天然气管道东线向中国供气，输气量逐年增长，最终达到每年 380 亿立方米，累计 30 年，总价值 4 000 亿美元。

通过以上分析不难看出，中俄在安全领域的全方位合作对于双方而言都具有重大的现实战略意义。例如，军事、网络及反恐方面的合作有利于维护双方的国家安全，而能源合作则保证了各自的战略或经济利益，实现了互利双赢。此外，十八大以来中俄安全合作的亮点还在于，双方在“高水平和特殊性”的基础上进一步致力于将两国合作机制化。例如，2014 年 6 月，中俄执法安全合作机制首次会议和中俄第十轮战略安全磋商在北京成功举行，这是中俄双方将安全合作进一步机制化的重要进展。一方面，中俄建立执法安全合作机制，是全面落实两国元首共识的重要步骤。另一方面，这种机制的构建也有利于两国的执法安全和司法检察部门推动合作朝着更加便捷、高效、务实的方向发展，共同应对各类威胁与挑战，充实两国全面战略协作伙伴关系的内涵。

再次，在多边、地区及国际合作领域，随着“一带一路”倡议的正式启动和落实，中俄在欧亚地区的战略合作面临新的契机，向着更加宽广的地理空间不断拓展。例如，两国于 2015 年 5 月在莫斯科签署的《关于丝绸之路经济带建设和欧亚经济联盟建设对接合作的联合声明》，就体现了这样一种方向。此外，2015 年 6 月，俄罗斯成为在中国倡议下建立的多边性国际金融机构亚投行的共同创立者之一，俄罗斯的份额位居第三，仅次于中国和印度。因此，作为亚投行的主要股东之一，俄罗斯可以决定诸多方案的立项以及资助。为此，俄罗斯财政部和经济发展部还成立了专门的工作小组。

在多边性国际组织与合作框架内，中俄两国还就一系列重大国际问题彼此呼应，加强在上合组织、金砖国家、二十国集团等多边框架内的战略合作，维护正确的历史观，促进国际秩序朝着更加公正、合理的方向发展。所有这些事实表明，中俄合作已经远远超出了双边的范畴。例如，2015 年上合组织在中国郑州举行成员国政府首脑（总理）理事会第十四次会议时，国务院总理李克强提出了建立上海合作组织合作“六大平台”的建议，即安全合作平台、产能合作平台、互联互通合作平台、创新金融合作平台、区域贸易合作平台以及社会民生合作平台。在此基础上，中国还提出了到 2020 年时在上海合作组织成员国内构建自由贸易区的设想，这就进一步扩展了中俄在这一重要多边性国际组织中的全方位战略合作空间。对此，俄罗斯总理梅德韦杰夫表示：“俄罗斯一贯支持推动互利合作，支持一体化方案的对接。欧亚经济联盟已经形成资金、商品和劳动力自由流动的制度，而中国的‘丝绸之路经济带’倡议涉及 60 多个国家。所有这些努力集中起来会为未来建立由欧洲和亚洲国家参与的共同经济空间提供巨大的平台。”①

最后，在人文交流领域，双方的联系和交往在十八大以来得到进一

---

① 梅德韦杰夫在上海合作组织成员国政府首脑理事会会议上的发言.（2015-12-15）. http://www.government.ru/news/21054.

步深化和拓展。在 2015 年 5 月发布的《中华人民共和国和俄罗斯联邦关于深化全面战略协作伙伴关系、倡导合作共赢的联合声明》中，双方指出，巩固和深化中俄人文合作成果、继续举办中俄青年友好交流年框架内的各项活动、扩大两国青年的交流规模、开始筹办中俄媒体交流年等被列为优先任务。对此，中国驻俄大使李辉在接受采访时强调，要在中俄双边关系上、在上合组织框架内，继续丰富合作形式、提升成员国之间的人文合作成果。近年来，中国和俄罗斯成功举办了中国俄罗斯年和俄罗斯中国年、汉语和俄语年、旅游年以及青年友好交流年，并在此期间举办了各种具体活动，如文化节、艺术节、音乐节、演讲、展览会、记者招待会和文学讲座，吸引了两国民众的普遍关注和积极参与。

通过梳理中俄两国自十八大以来在各个领域尤其是政治、安全方面的高水平合作，我们可以发现，在近年来由于国际和国内经济环境不稳定以及不确定因素持续增多，所以中国和俄罗斯的发展都开始遇到一些具体的现实问题的背景下，两国领导人都十分敏锐地认识到，加强合作、和衷共济才是应对各种挑战、实现民族复兴伟大梦想的必由之路。正如习近平主席在 2015 年 5 月访俄前夕在《俄罗斯报》上发表的署名文章所强调的：合则强，孤则弱，合作共赢应该成为各国处理国际事务的基本政策取向。两国共同打造互利共赢的命运共同体，对维护地区稳定和促进跨国合作、构建以合作共赢为核心的新型国际关系具有示范和引领作用。

总之，十八大以来的中俄合作在实践中取得了非常丰硕的成果，从而进一步强化了两国的友好关系，提升了双方的战略互信度，从而使得新型大国关系的理念不断落向实处并持续向纵深发展。中俄关系的生动案例及其提供的示范效应充分表明，“不冲突、不对抗、相互尊重、合作共赢”的新型大国关系是当今主要大国间发展双边关系的最佳路径。

第四节 中欧打造四大伙伴关系

十八大以来，中欧关系的发展迈上了一个崭新的台阶。回顾历史，自1975年中国与欧洲经济共同体建立正式外交关系以来，中欧双方着眼长远、顺应时代发展潮流，先后登上了合作伙伴关系、全面伙伴关系和全面战略伙伴关系三个台阶。2014年3月22日至4月1日，习近平主席访问欧洲四国并到访欧盟总部。在此期间，中国与欧盟首次发表了一份重量级联合声明，宣示共同打造和平、增长、改革、文明四大伙伴关系。毫无疑问，习近平主席此访为中欧全面战略伙伴关系注入了新的强大生命力。

2014年3月27日，习近平在法国出席中法建交50周年纪念大会，并发表重要讲话。他强调指出："中国梦是奉献世界的梦。'穷则独善其身，达则兼善天下。'这是中华民族始终崇尚的品德和胸怀。中国一心一意办好自己的事情，既是对自己负责，也是为世界作贡献。随着中国不断发展，中国已经并将继续尽己所能，为世界和平与发展作出自己的贡献。""历史将证明，实现'中国梦'给世界带来的是机遇不是威胁，是和平不是动荡，是进步不是倒退。拿破仑说过，中国是一头沉睡的狮子，当这头睡狮醒来时，世界都会为之发抖。中国这头狮子已经醒了，但这是一只和平的、可亲的、文明的狮子。"

第二天，习近平到访德国科尔伯基金会并发表了演讲，强调"历史不应该是记忆的负担，而应该是理智的启迪。贵国前总理勃兰特曾经说过：'谁忘记历史，谁就会在灵魂上生病。'……中国人民从自身经历中形成了走和平发展道路的自觉选择"。习近平称，中国不认同"国强必霸"的陈旧逻辑。

2014年4月1日，习近平在比利时欧洲学院向欧洲介绍"中国模式"时说："中国不能全盘照搬别国的政治制度和发展模式，否则的话不仅会水土不服，而且会带来灾难性后果。2 000多年前中国人就认识到了这个道理：橘生淮南则为橘，生于淮北则为枳，叶徒相似，其实味不同。所以然者何？水土异也。”

通过对习近平主席上述讲话的回顾可以发现，十八大以来，中国对于中欧关系的定位就是在增进理解、发展合作的基础上打造和平、增长、改革、文明四大伙伴关系。作为世界上主要的文明发源地和经济体，中欧在上述理念指导下推进双方关系不断迈上新台阶有着毋庸置疑的重要意义。2015 年恰逢中欧建交 40 周年，双方决定推进“一带一路”倡议与欧洲投资计划等发展战略的对接，组建中欧共同投资基金、互联互通平台等，进一步确立了中欧务实合作的新框架。

具体而言，在实践中，十八大以来的中欧关系在经贸合作、“一带一路”对接等重大经济和战略领域不断取得新突破，并将四大伙伴关系延伸至中东欧国家，极大地提升了中欧关系的整体水平。

例如，十八大以来，中英关系进入了“黄金时代”。作为欧洲的主要大国之一，英国在中欧关系中扮演着十分关键的角色。2015 年 10 月，习近平主席对英国进行了历史性国事访问，中英两国领导人达成了诸多战略共识，使得以“黄金时代”为标志的面向 21 世纪的全球全面战略伙伴关系定位将中英关系推向了历史顶点。同时，中英全面战略伙伴关系在经济领域不断推进，夯实了两国友好合作的根基。

在战略层面，对于中国提出的“一带一路”及亚投行等重大倡议，英国的反应也非常积极。目前，英国国内正在进行基础设施改造升级，试图打造英格兰北部经济中心，还提出“英国工业 2050”战略。这些与中国自十八大以来相继提出的“一带一路”“中国制造 2025”“互联网+”等战略存在诸多契合点和很大的合作对接空间。英国对于亚投行建设与运作的大力支持，有助于这一新兴的金融机构与全球其他多边融资平台进行良好合作，也有利于人民币国际化。这就进一步表明，两国包括金融领域在内的战略合作的前景十分广阔。因此总的来看，驶入良好快车道的中英关系成为中欧关系自十八大以来不断发展的缩影和有力证明。

在地理上，中东欧国家恰好位于“一带一路”倡议与欧洲投资计划的关键对接区，是亚欧交流与合作的重要纽带。在“一带一路”沿线国家中，中东欧国家占到了 1/4。因此，这一倡议成为中国与中东欧合作共赢、实现共同繁荣的有力推进器。举例来讲，多瑙河—奥得河—易北河三河跨国运河工程在捷克提出已有 600 多年历史，但直到现在仍未实现，如今正好可以和中国倡导的“一带一路”建设对接。如此，从中国船运到欧洲的货物，可从黑海经多瑙河直接通过运河送到德国。对此，捷克总统府外事局局长科莫尼切克希望捷中合作能帮助欧洲的几大水路连接成网，以造福更多沿线国家和人民。

对于“一带一路”倡议，中东欧国家在实践中也表现出了极大的合作热情与研究兴趣。捷克驻上海总领事理查德·克尔帕奇称，古代丝绸之路是世界上已知的第一个全球化行动，而如今中国提出的“一带一路”倡议正遵循着同样的精神，即传播和平、繁荣和新理念。捷克布拉格“一带一路”研究所所长、总统顾问、前外交部部长科胡特则表示，“一带一路”倡议不仅能给亚洲和欧洲国家的共同繁荣带来机会，也将促进沿线地区和平与稳定。

总之，十八大以来中欧关系的飞速发展印证了习近平主席在捷克《权利报》发表的署名文章中所写的一句话：“中欧关系正处于历史发展最好时期，面临前所未有的历史机遇。”时代为中欧打造四大伙伴关系提供了难得的机遇和最好的条件，在中国以发展新型国际关系为重大外交理念创新和实施以“一带一路”为代表的互利共赢倡议的背景下，中欧关系必将迎来更加辉煌的未来。

十八大以来，以习近平同志为核心的党中央从中国实现和平发展、民族复兴以及促进世界和平、稳定、繁荣的根本战略目标出发，致力于以构建新型国际关系为指导理念，以“一带一路”等重大倡议的实施为契机，在推进大国外交的战略布局及其实践过程中，着力打造新的大国关系格局，从而超越历史上大国崛起带来的冲突隐患，实现大国间的和平共处与友好合作。事实已经证明，上述理念和实践创新对于巩固、改善和发展中国同以美国、俄罗斯及欧洲为代表的当今世界主要力量间的关系发挥了十分重要的作用，因而中国的战略理念和实践得到了其他大国的广泛支持。展望未来，在理念和实践创新驱动下的中国大国外交布局一定能够不断结出丰硕的合作成果，中国的和平发展也能够在一种新型国际关系模式下朝着更加美好的明天迈进。相信在中国智慧的指引下，人类能够最终跨越所谓“修昔底德陷阱”，找到一条大国间和平、合作与共同繁荣的成功之路，从而为世界和平与人类文明进步打下坚实的基础。

第5章

经略塑造周边地区

5 经略塑造周边地区

中国作为一个全球性大国崛起，但无法回避亚太国家这一地缘身份所带来的机遇和挑战。中国的核心利益和重大利益集中在周边地区，周边关系对维护国家利益具有重大意义。十八大以来，中国政府为实现“两个一百年”奋斗目标，在经略周边外交上展现出新的思维，更加积极进取，维护和促进国家主权、安全和发展利益。

第一节 周边外交新理念

在中国“全方位外交”中，长期以来的提法是“大国是关键，周边是首要，发展中国家是基础，多边是重要舞台”。处理好与美国、俄罗斯等大国的关系，一直在中国整体外交布局中占据举足轻重的地位。这一方面是因为主要大国主导国际格局，制定国际规则，影响国际安全，攸关中国改革、发展、稳定的重大利益。另一方面是因为冷战结束扭转了二战以后长达40多年以军事安全斗争为中心的亚太形势，经济、社会层面上的合作势头加快，中国在推动周边外交上强调“开放”“参与”“合作”，亚太地区局势总体比较稳定。相当长一段时间，周边关系较为平顺，经济合作大于安全竞争，这使中国赢得了良好的睦邻关系。

2010年中国超过日本成为紧随美国之后的第二大经济体，中美战略竞争快速凸显，战略互疑加深。美国一向提防在能力和意图上有可能挑战其全球霸主地位的竞争者，遂提出“重返亚洲”政策，几经调整后定调为“亚太再平衡”战略，投入大量政治、经济和外交资源，加大对中国的防范和牵制。美国在战略部署中打出一套组合拳，首先是巩固在亚太地区的传统盟友关系，比如与日本、韩国、澳大利亚、泰国等国的关系；其次是拓展新的伙伴关系网络，比如积极发展与越南、缅甸等国的关系；最后是利用亚太国家与中国在历史、地理、经济、安全上的矛盾和分歧，鼓吹“中国威胁论”和“中国霸权论”，破坏中国周边外交环境。美国对亚洲的“强势回归”，确实给中国制造了一些“大国成长的烦恼”。

与美国东西两大洋、南北无强国的地缘环境相比，中国是一个传统的陆权国家，大陆海岸线达1.8万余公里，与14个国家陆上接壤，各国语言、宗教、文化、政治和发展程度各异，周边环境实属复杂，如何经略周边是一个重要的战略性问题。当前，中国与周边国家的矛盾集中在领土海洋争端，如钓鱼岛问题、南海问题、中印边境划界问题等；传统安全矛盾，如中日关系中的军事安全问题；价值认同问题，如周边国家多遵循美国价值观，将中国视为“威权体制”的“另类”，对中国使用权力争霸的疑虑较深；经济利益矛盾，比如担心中国经济的磁吸效应，在是建立容纳中国的区域经济合作机制还是谋求排斥中国的多边经济制度上出现分歧。这些矛盾中不乏上升到战略层次和政治领域的问题，其中以领土海洋争端和安全困境的解决难度最大，难以遵循新功能主义“以经促政”的逻辑来处理。奥巴马政府在战略上向亚太转向，故意搅动和扩大周边国家与中国的矛盾，加剧了中国周边外交的挑战。

形势决定任务。周边挑战加大，使周边外交在中国外交整体布局中的地位上升。如何处理好与周边各国的关系，为实现中国梦塑造更稳定、更和谐、更给力的周边环境，成为一个必须面对的紧迫问题。十八大以来，中国政府将周边外交放在外交全局中更加突出的位置上。习近平主席、李克强总理首次出访均选择周边国家。2013年10月24日，中共中央召开首次周边外交工作座谈会。这次座谈会的召开向外界传递了一个清晰的信号，即新时期中国政府更加重视经营周边战略环境，这也成为国际社会观察中国外交走向的一个重要事件。习近平总书记在这次会议上提出周边外交的基本方针，即坚持与邻为善、以邻为伴，坚持睦邻、安邻、富邻，突出体现亲、诚、惠、容的理念。这一新的理念内涵，凸显中国更加重视发展与周边国家的信任关系、包容关系和互利共赢关系。它对外宣示，中国的发展不是以邻为壑的霸权式扩张，而是一种共享式、协同式发展。第一，中国坚持文明的多样性和制度的因地制宜，赞成“和而不同”，不会搞社会制度和意识形态的输出，而是支持周边国家走符合各自实际的社会发展道路。2016年2月26日，外交部部长王毅在美国战略与国际问题研究中心的演讲中明确表示：“中国决不会输出我们的社会制度和发展模式，因为每个国家都有权根据本国国情来选择发展道路。但我们愿意在平等基础上，同国际社会进行相互交流。”第二，中国坚持发展的可协调性和互补对接，愿意运用逐步增强的综合国力承担更切实的国际责任，向周边地区提供适合需求的公共产品。第三，中国坚持国家间关系的平等性，大家的事情一起商量着办，不搞单边主义和强加于人，真正在国际关系中树立平等、协商、合作的精神。

周边外交新理念是与中国对外和平发展路线相一致和相契合的。2014 年 12 月，外交部部长助理刘建超在回答新华社记者提问时称，中国将周边外交置于外交政策之首要，致力于促进地区和平稳定与繁荣，为国家发展营造安全、稳定、合作的周边环境。在周边外交上，中国提出将坚持正确的义利观作为外交实践的重要原则。中国在周边区域承担什么样的角色，如何处理与周边世界的关系，都在新型义利观中得到阐释。中国的周边外交不是奉行传统国际关系当中“利益至上”的单一逻辑，而是在构建义利关系时坚持道义和利益的辩证统一。习近平指出：我们希望全世界共同发展，特别是希望广大发展中国家加快发展。我们有义务对贫穷的国家给予力所能及的帮助，有时甚至要重义轻利、舍利取义，绝不能唯利是图、斤斤计较。当然，在具体处理义利的关系时，中国是有原则和底线的。对于新时期中国周边外交，学界有一种形象的说法是“给甜头、吃苦头”。“给甜头”，意味着中国愿意以自身的发展帮助“朋友”和“伙伴”，适当的时候可以“顾义让利”；“吃苦头”，则表示中国不会回避解决矛盾，对挑衅中国国家核心利益的势力和行径不会手软，会以有理、有利、有节的举措予以反制。

这些年，国际上有一种舆论认为，中国在实力强大后开始“秀肌肉”了，对周边国家关系越来越展现出“硬”的一手。这种偏颇的观点实际上反映出国际上一些人对中国外交理念和内涵的误解和误读，需要中国给予澄清和导正。中国发展周边关系仍然坚持以“亲、诚、惠、容”为主线，以维护和平发展、共同繁荣为政策目标。对于与周边国家的矛盾，中国政府认为其中很多是由复杂的历史原因形成的，应该通过双边协商谈判予以妥善解决，反对域外国家将其当作反华、遏华的工具，也反对周边国家倚借域外势力谋求侵害中国的核心利益。邓小平曾指出，“考虑国与国之间的关系主要应该从国家自身的战略利益出发”，“我们都是以自己的国家利益为最高准则来谈问题和处理问题的”①。近些年来，中国周边外交越来越承担着维护国家核心利益的任务，必须坚持底线思维，维稳和维权一同推进。2013 年 1 月 28 日，习近平总书记在主持中共中央政治局第三次集体学习时，首次提出一系列对外工作新理念，其中就包括“决不能放弃我们的正当权益，决不能牺牲国家核心利益。任何外国不要指望我们会拿自己的核心利益做交易，不要指望我们会吞下损害我国主权、安全、发展利益的苦果”。中国外交服务于国家和平发展道路和国内经济建设，但不会做“无底线、无原则的让步”，或是在攸关国家利益的问题上“和稀泥”。这种明确底线原则的做法，以及在此原则指导下开展的正当合法维权，虽然容易被外界一时错误解读成中国外交趋于强硬，但可以减少国家间因试探引发冲突和危机的不确定性。

近些年来，中国对周边国家实施区别对待的“不等距外交”②。这在朝鲜核问题、中日关系和南海问题上都有不同程度的表现。在地理意义上，朝鲜半岛是中国的“后院”，这决定了朝鲜半岛是稳定还是动荡将直接影响中国国家利益。多年来，朝鲜半岛局势紧张的根源在于冷战残余影响和美朝之间严重缺乏互信，这导致朝鲜为追求绝对安全而发展核武器。朝鲜在 2006 年、2009 年两次进行地下核试验，联合国均通过决议予以谴责。中国的立场一向明确，始终坚持实现半岛无核化目标，坚持维护半岛和平稳定，坚持通过对话协商解决有关问题，并积极推动“六方会谈”。长期以来，中国费心费力，为缓和局势、稳定朝核问题发挥了重要作用。2013 年 2 月，朝鲜不顾国际社会反对进行第三次核试验，表明其不放弃制造核武器。尽管中国与朝鲜长期以来因历史、地理

---

① 邓小平. 邓小平文选：第 3 卷. 北京：人民出版社，1993：330.

② 金灿荣，王浩. 十八大以来中国外交的新理念和新特点. 湖北大学学报（哲学社会科学版），2014（3）：29.

和意识形态而形成较为特殊的关系，但中国政府为维护国际核不扩散体制，于同年3月7日支持联合国安理会通过第2094号决议，要求朝鲜不再进行核试验，放弃核武器计划，并重返《不扩散核武器条约》。2013年4月6日，外交部部长王毅在同联合国秘书长潘基文通电话时指出："我们反对任何一方在这一地区的挑衅言行，不允许在中国的家门口生事。中方敦促各方保持冷静克制，推动局势缓和。"时隔不到三年，2016年1月，朝鲜首次进行氢弹试验，开启第四次核试验。同年3月2日，中国政府支持联合国安理会通过第2270号决议，谴责朝鲜进行核试验和使用弹道导弹技术发射卫星，决定实施制裁措施遏制朝鲜的核、导开发计划。中国政府提出"制裁是必要手段，维稳是当务之急，谈判是根本之道"，在主张谈判解决的同时，同意对朝鲜违背安理会决议实施核试验的做法给予一定制裁。紧接着在2016年9月9日，朝鲜又进行第五次核试验。对此，中国政府表态反对，认为联合国安理会有必要对朝鲜核试验做出进一步反应。中国认为，制裁并不是最终目的，也不是唯一手段，朝鲜半岛核问题归根结底还是应该尽快回到通过对话和平解决的轨道上来[①]。但是，朝鲜谋求核武器有损于中国和周边区域安全稳定，中国政府对朝鲜核问题不再单纯以意识形态划线，而是从维护国家安全的根本立场来谋划施策。

在中日关系上，中国认为中日互为重要近邻，同为世界主要经济体，双方关系健康稳定符合各自利益。中日关系长期受到历史、领土、权力以及域外等多重因素影响，关键在于日本在攸关中日关系重大问题上的态度和做法。2010年中国超过日本成为世界第二大经济体后，日本在心理上出现一种失落感，决定利用美国推行"亚太再平衡"战略实现"国家正常化"，强化日美同盟以牵制中国崛起。2012年，日本政府宣布钓鱼岛"国有化"，首先单方面改变现状，企图强化对钓鱼岛的"主权"。这一挑衅行动对中日政治互信造成重大伤害，直接影响到两国诸多领域的交流与合作，制造了亚太地区的不稳定因素。钓鱼岛问题关系

---

① 参见2016年9月14日外交部发言人华春莹主持例行记者会的内容。

中国国家主权和领土完整，属于国家核心利益。中国政府为反制日本破坏现状的单边行径，在维护钓鱼岛主权问题上毫不含糊，采取了一系列举措。比如，首次公布钓鱼岛及其附属岛屿的领海基点基线，明确了该海域中国领海和内水范围，从基线往外延 12 海里范围即为中国领海；持续派遣公务执法船舰、飞机进入钓鱼岛 12 海里以内海域或领空进行常态化立体巡航，以执法维权行动打破日本实际控制的局面。2013 年 11 月 23 日，中国政府宣布设立东海防空识别区，强化对东海方向海空的监视和预警。中国仍然主张在中日四个政治文件基础上，本着“以史为鉴、面向未来”的精神推动两国关系发展，但若日本方面在领土主权上蓄意挑战中国核心利益，那么中方不会“自我限缩”和“吞下苦果”，只会以更加积极的作为强化维权。

中国海警船进入钓鱼岛附近巡航

中国对侵害国家核心利益的行径绝不会坐视不管，还表现在南海问题上。中国一贯主张由直接当事国在尊重历史和国际法的基础上，通过谈判协商和平解决南海分歧。2000 年 12 月中国和越南签署《关于两国在北部湾领海、专属经济区和大陆架的划界协定》，妥善解决了北部湾的划界问题，证明通过当事方双边协商合作完全可以务实化解矛盾。在南海，越南、菲律宾、马来西亚等国长期非法侵占中国的岛礁，并进行填高加固以及资源开采活动，有的还建设飞机跑道，企图造成永久占领，严重侵害到中国海洋权益。十八大以后，中国政府加大南海维权，在南沙群岛部分驻守岛礁上开展建设活动，这是在中国主权范围内的合法行为，是在弥补历史欠账。中国建设部分南沙岛礁，可以向国际社会提供海上搜救、防灾减灾、气象观测、生态环境保护、航行安全、渔业生产服务等方面的公共产品，减少这一全球重要航道长期存在的非传统安全风险。中国政府承诺岛礁建设活动不会减损各国在南海享有的航行和飞越自由，反对域外国家以航行和飞越为借口介入南海争端。然而，美国、日本策动南海相关声索国家挑衅中国在南海维权的正当活动。2013 年，菲律宾违背《南海各方行为宣言》关于相关争议由当事方协商谈判解决的规定，在美国支持下向国际仲裁庭单方面提出“南海仲裁案”。对此，中国政府指出菲律宾所提诉求在本质上属于领土主权争端，不属于《联合国海洋法公约》适用的事项，更不属于强制仲裁程序的适用范围，仲裁庭无权管辖，中国对这一仲裁不接受、不参与。2016 年 7 月 12 日，仲裁庭公开裁决结果，非法否定中国在南海的主权和历史性权利。对此，中国公布《中华人民共和国政府关于在南海的领土主权和海洋权益的声明》，全面指出中国在南海的领土主权和海洋权益包括：中国对南海诸岛，包括东沙群岛、西沙群岛、中沙群岛和南沙群岛拥有主权；中国南海诸岛拥有内水、领海和毗连区；中国南海诸岛拥有专属经济区和大陆架；中国在南海拥有历史性权利。中国政府郑重向国际社会声明，裁决完全无效，没有法律约束力。对于美国派遣舰机到中国控制岛礁附近进行巡航示威，中国一方面向国际社会强调南海争端并没有对自由航行造成影响，美国介入才最有可能导致南海军事化；另一方面加派力量对美军抵近侦察巡逻的舰艇、军机进行跟踪、警告和驱离。中国维护南海和平稳定的立场从未改变，中国反对域外国家干预导致事态复杂化，将继续强化维权作为。同时，中国积极推进与东盟的关系，缓和紧张态势，防止南海争端负面影响外溢，巩固和发展与周边各国的关系。

第二节　更加安全的周边

中国巨大的体量、独特的制度和良好的发展势头，以及从政策上促进将实力转化为影响力，使得中国对区域和周边秩序产生的影响不断增大。美国推行的“亚太再平衡”战略来势汹汹，中美两强在亚太地区的战略博弈升级已是不争的事实。这形成一种结构性困境，它使得以政治、军事为主轴的传统安全竞争重新回归亚太，中国周边环境走向长期复杂化。中国采取传统的战略战术已不足以化解挑战，必须有新的思维、新的作为。

在国家间关系中，安全始终是处于最优先级的问题。一段时间以来，亚太国家多在安全上靠美国，在经济上靠中国，形成一种分割式的依赖态势。在中美存在日渐激烈的竞争关系下，一些周边国家机会主义倾向上升，在中美两强之间两面下注，采取对冲策略，企图利用中美关系起伏谋求其不合理的政治诉求。不可否认，中国加入世界贸易组织（WTO）以后在经济上快速崛起，特别是由于拥有十亿级人口的市场规模，成为周边多数国家最大的贸易伙伴。这为周边国家发展提供越来越多的机会，但也加大了周边国家对依赖中国经济会削弱自主性的担忧和恐惧。一些周边国家认为，中国一定会越来越多地展示、运用权力，在现实主义逻辑下不排除会寻求霸权，挤压小国的生存发展空间。因此，部分周边国家选择加强与美国的安全合作，造成与中国的安全信任关系下降。除了中美地缘政治博弈在周边地区产生的连带效应外，恐怖主义、自然灾害、流行疾病等非传统安全挑战依然严峻，这也增强了中国周边安全环境的复杂性。

中国要实现“两个一百年”奋斗目标，就必须高度重视周边安全。在全球化和相互依存时代，追求霸权主义、强权政治和武力至上的旧安全观已不合时宜。中国反对域外大国在亚太地区不顾他国的安全关切追求所谓的“绝对安全”，反对在中国周边地区生战、生乱，明确向国际社会表明中国“不惹事，也不怕事”。为加强维护和平稳定的周边环境，中国政府积极参与地区安全合作，并大力提升在安全领域的“议程设置”能力。

亚信是亚洲覆盖范围最大、成员数量最多、代表性最广的地区安全论坛。2014 年 5 月中国作为主席国主办亚信第四次峰会。5 月 21 日，习近平在峰会上的讲话中指出：“要跟上时代前进步伐，就不能身体已进入 21 世纪，而脑袋还停留在冷战思维、零和博弈的旧时代。我们认为，应该积极倡导共同、综合、合作、可持续的亚洲安全观，创新安全理念，搭建地区安全和合作新架构，努力走出一条共建、共享、共赢的亚洲安全之路。”在中国提出的亚洲新安全观中，“共同”就是要尊重和保障每一个国家安全。安全应该是普遍的。不能一个国家安全而其他国家不安全，一部分国家安全而另一部分国家不安全，更不能牺牲别国安全谋求自身所谓绝对安全。安全应该是平等的。各国都有平等参与地区安全事务的权利，也都有维护地区安全的责任。任何国家都不应该谋求垄断地区安全事务，侵害其他国家正当权益。安全应该是包容的，强化针对第三方的军事同盟不利于维护地区共同安全。“综合”就是要统筹维护传统领域和非传统领域安全。“合作”就是要通过对话合作，促进各国和本地区安全。要通过坦诚深入的对话沟通，增进战略互信，减少相互猜疑，求同化异、和睦相处。要着眼各国共同安全利益，从低敏感领域入手，积极培育合作应对安全挑战的意识，不断扩大合作领域，创新合作方式，以合作谋和平，以合作促安全。要坚持以和平方式解决争端，反对动辄使用武力或以武力相威胁，反对为一己之私挑起事端、激化矛盾，反对以邻为壑、损人利己。“可持续”就是要发展和安全并重以实现持久安全。在这次峰会上，中国提出促进亚信制度发展的一系列新倡议，推动亚信成为覆盖全亚洲的安全对话合作平台，并在这一基础上探讨建立地区安全合作新架构。亚信覆盖面广，与中国周边外交具有较大的重合度，是中国推进亚洲特别是“丝绸之路经济带”沿线国安全合作的一个重要平台。

中国海洋国土面积有 300 万平方公里，与多个国家海域相邻或相向，与一些邻国存在海洋纠纷。十八大以来，中国加快建设海洋强国，管控和化解海洋纠纷对国家安全的负面影响越来越重要。近些年来，中国政府在维护海洋安全问题上倾注了大量资源，并以解决问题为导向提出一些新的思维和政策。比如，在南海问题上，一方面，始终坚持通过与直接当事国协商谈判解决争议，反对将南海争端国际化和多边化；另一方面，愿意同东盟国家一道努力，将南海建设成为和平之海、友谊之海、合作之海。这是一种“双轨思路”，即有关具体争议由直接当事国在尊重历史事实和国际法基础上，通过谈判协商和平解决；南海和平稳定由中国和东盟国家共同加以维护。这种“双轨思路”避免了东盟整体利益被个别国家所干扰甚至绑架，可以说是为解决南海问题贡献了现实可靠的方式。2016 年 7 月 25 日，中国和东盟外长会议通过中国与东盟国家外长关于全面有效落实《南海各方行为宣言》的联合声明，再次确认通过双边谈判解决争议的原则。2016 年 8 月，中国与东盟国家在内蒙古满洲里市举行了落实《南海各方行为宣言》第十三次高官会和第十八次联合工作组会。在这次会议上，各方表示将继续全面有效落实《南海各方行为宣言》，重申坚持通过谈判协商和平解决争议，坚持通过地区规则框架管控分歧，深化海上务实合作，推进“南海行为准则”磋商，维护南海的和平与稳定。紧接着在 9 月 7 日，第 19 次中国—东盟领导人会议通过了《中国与东盟国家应对海上紧急事态外交高官热线平台指导方针》和《中国与东盟国家关于在南海适用〈海上意外相遇规则〉的联合声明》。这说明，尽管近些年海洋争议扩大使一些人对亚洲是否能够继续保持稳定的看法提出了怀疑，但中国仍在积极通过创设管用的机制和管道，培育和加强地区战略互信，管控和缩小分歧，防止海洋争端升级为军事冲突，维护亚太地区和平稳定。

亚太地区除了领土海洋问题外，各种非传统安全问题依然突出。中国在坚持亚洲新安全观的基础上，积极参与和巩固既有地区安全机制，加强联合应对非传统安全挑战。东盟地区论坛（ARF）成立于 1994 年，是亚太地区重要的官方多边政治与安全对话渠道。东盟地区论坛一直以来通过促进建立信任措施、推进预防性外交、探讨对待冲突的方式等来应对挑战。中国支持和参与东盟地区论坛，推动参加论坛机制的各国加强反恐和打击跨国犯罪、外空安全、海空搜救等合作。中国同俄罗斯、中亚国家发起成立上合组织以来，坚持每年举办一次元首理事会，各方围绕发展长期睦邻友好关系、维护地区安全、加强务实合作以及重大国际和地区问题交换意见。自 2001 年上合组织成立以来，中国全面参与上合组织框架内的各项活动，不断推动充实和完善组织功能，为稳定西部战略环境发挥了重要作用。近些年，中国积极促进与上合组织成员国共同打击“三股势力”，防止极端思想扩散，预防民族、种族和宗教歧视以及排外思想，维护国家政治安全和社会稳定。此外，还促进上合组织成员国之间的货币互换工作，努力推动建立上合组织开发银行，提升成员国战略互信和合作水平。目前，上合组织成员国、观察员国领土总面积占全球陆地面积 1/4，人口接近世界人口的一半，国际影响力进一步提升。习近平主席在 2016 年上合组织成员国元首理事会第十六次会议上指出：“面对国际和地区风云变幻，成员国彼此支持维护各自核心利益的努力，共同妥善应对域内外各种挑战，有力维护了地区安全稳定，打造了休戚与共、安危共担的命运共同体。”未来，中国将继续坚持开放透明、不针对第三方的原则，不断扩大上合组织的朋友圈，做维护国际秩序的建设性力量。

第三节　更加繁荣的周边

十八大以来，中国进入全面深化改革时期，经济增长从高速调整为中高速。对此，一些人开始唱衰中国经济，但事实上中国仍然是全球经济增长的重要引擎，经济发展更加健康、可持续。中国经济和世界经济高度关联，中国是世界贸易第一大出口国、第二大进口国，中国经济对世界经济增长的贡献率最大。与经济实力增长相对称的是，中国外交改变了以往的“反应式”状态，其主动性越来越强，积极进取的作为越来越多。这既是中国国力上升在外交上的自然表现，也是对国际社会期待中国发挥更大作用的一种回应。

在中国总体外交中有一层重要内涵，即“在和平发展的基础上使中国梦具有世界意义”[①]。在中国周边，聚集着众多发展中国家，谋求稳定和发展是这些国家共同的利益和追求。2008 年全球金融危机爆发以来，尽管国际形势发生深刻变化，国际治理体系也经历一定调整，但中国维护发展中国家根本利益的一贯立场没有改变。中国要为全球经济治理贡献智慧，一个重要方向是像 2016 年 9 月在浙江杭州举办的二十国集团领导人第十一次峰会主题所反映的，“构建创新、活力、联动、包容的世界经济”。中国周边外交秉持上述理念，中国的发展进步客观上会带动和惠及周边国家的发展进步，中国也愿意并表示欢迎周边国家搭乘中国发展的“便车”，从而展现一种“联动发展”“共享发展”和“包容发展”的理念，让周边国家确实感到与中国在同一条船上。

从经济上塑造和改善周边环境是中国外交的一个重要抓手。中国周边外交新理念的落地的实践基础是一系列战略顶层设计和政策新举措。其中，中国继续坚持经济优先和发展优先的原则，以推动区域合作共荣为目标，以前所未有的力度向区域国家提供公共产品。

首先，推进“一带一路”建设。2013 年 9 月和 10 月，习近平主席访问中亚和东南亚国家期间，分别提出建设“丝绸之路经济带”和“21 世纪海上丝绸之路”的重大倡议。2014 年中国政府通过了《丝绸之路经济带和 21 世纪海上丝绸之路建设战略规划》，2015 年对外发布了《推动共建丝绸之路经济带和 21 世纪海上丝绸之路的愿景与行动》，有关地方和部门也出台了配套规划，一时间“一带一路”倡议成为中国外交的重大亮点。推动“一带一路”建设，是中国谋划全方位对外开放战略的大手笔，它表明中国不会再走封闭僵化的回头路，而是以积极主动的开放姿态走向世界。中国提出“一带一路”倡议，首先是坚持共商、共建、共享原则，寻求与沿线国家发展战略的对接。全球金融危机的最大风险

① 金灿荣，王浩. 十八大以来中国外交的新理念和新特点. 湖北大学学报（哲学社会科学版），2014（3）：26.

虽然已经过去，但危机深层次的影响并未消散，世界经济增长仍然乏力，各国家和区域间的发展出现分化，特别是部分新兴市场经济体面临的挑战增大，发达国家贸易保护主义思潮抬头。在这种复杂的国际经济形势下，中国的立场、政策和态度受到世界关注。共建“一带一路”，就是要向世界表明中国坚持维护全球自由贸易体系，支持发展开放型世界经济，以开放的区域合作精神反对以邻为壑的贸易保护主义。“一带一路”倡议坚持开放性的合作原则，它表现在“一带一路”的相关国家不限于古代丝绸之路的范围，各个国家和国际、地区组织均可以参与，因此它的成果具有普惠性。中国持开放态度还表现在积极主张加强沿线各国的政策沟通，留有充分的空间就经济发展战略和对策进行交流对接，共同制定推动区域合作的规划和措施，协商解决合作中的问题。

从范围上看，“一带一路”涵盖亚欧非大陆和附近海洋两个方向。从结构上看，互联互通是全方位、多层次、复合型的。从目标上看，互联互通要实现沿线各国多元、自主、平衡、可持续发展。2014 年 11 月 8 日，习近平在北京举行的加强互联互通伙伴关系对话会上宣布，中国将出资 400 亿美元成立开放性质的丝路基金。同年 12 月，丝路基金在北京注册成立，首期资本投入为 100 亿美元，重点投资于基础设施、资源开发、产业合作和金融合作，支持相关国家实体经济发展，推动工业化进程。“一带一路”源于亚洲，依托亚洲，造福亚洲，兼顾各国需求，统筹陆海两大方向，中国通过互联互通建设首先为亚洲邻国提供更多公共产品，是做负责任大国的一种表现。在推动“一带一路”的路线图上，以交通基础设施为先行突破，实现亚洲互联互通的早期收获，优先部署中国同邻国的铁路、公路项目。2016 年 8 月，亚投行首个公路项目在巴基斯坦启动，该项目涉及的 M4 高速公路（绍尔果德至哈内瓦尔段）全长 64 公里。因为巴基斯坦高速公路路网建设落后，制约了物流、贸易、旅游发展，所以提高公共基础设施水平成为巴基斯坦发展经济急需破解的难题。M4 高速公路建成后将成为巴基斯坦南北交通运输走廊的重要组成部分，会大幅促进巴基斯坦国内交通基础设施建设以及贸易与物流，对中巴经济走廊建设也将起到积极推动作用。此外，中国投资承建印度尼西亚首都雅加达至第四大城万隆的高速铁路项目得到落实，不仅代表中国高铁成功实现全方位整体“走出去”，还将为中国参与东盟国家基础设施建设创设一个样板。

巴基斯坦瓜达尔港是中巴经济走廊的重要支点，
目前中国已与巴基斯坦签署了经营瓜达尔港 40 年的协议

发展是中国与“一带一路”沿线国家的最大公约数，有了这个最大公约数，相关合作就更容易开展。中国不是借助“一带一路”建设搞封闭式的小集团，“一带一路”从一开始就是对世界各国和国际组织开放的。“一带一路”倡议提出以来，各项政策逐步落地生根。2016 年 8 月 17 日，习近平在推进“一带一路”建设工作座谈会上发表重要讲话，强调“一带一路”建设从无到有、由点及面，进度和成果超出预期。几年来，有 100 多个国家和国际组织参与“一带一路”建设，中国与逾 30 个沿线国家签署“一带一路”相关协议，与 20 多个国家签订产能合作协议，亚投行首批投资项目确定，丝路基金首批投资项目启动，互联互通网络逐渐成形。中国同“一带一路”参加国双边贸易额突破 1 万亿美元。

其次，积极提供国际公共产品。中国实力的增强，加大了周边国家对中国向区域提供更多公共产品的期待心理，这是“中国责任论”在周边国家和地区的一种表现。十八大以来，中国周边外交展现出积极的进取心和担当精神，针对亚太地区面临的难点问题提出了中国倡议和方案。从社会发展阶段上看，当前亚洲的主要矛盾仍集中在发展问题上，中国自身通过深化改革来实践新的发展理念，并加大对促进地区共同发展的支持。

亚投行的设立是一项重要举措。亚投行为中国倡议成立，总部设在北京，从一开始就带有明显的中国烙印。金立群表示，亚投行是一个带有明显时代特征的多边开发金融机构，中方倡导建立亚投行是为了尽可能满足亚洲地区基础设施融资需求巨大的客观需要，中国将通过承担更多的责任来促进亚洲地区的合作和多赢。事实上，亚洲虽是全球经济发展最有活力的地区，但基础设施相对落后。据亚洲开发银行的测算，从2016 年起亚洲地区每年基础设施投资需求高达 7 300 亿美元，这是现有的世界银行、亚洲开发银行等国际多边机构无法满足的资金需求。中国以弥补亚洲基础设施不足为导向的金融建制行为，为区域国家提供了更多元的、更有效率的融资和贷款选择，在根本上有利于本地区的繁荣和发展。针对西方有人称中国推动亚投行将会扰乱国际金融规则，中国明确反驳指出，将“遵守国际通行准则和治理原则”，严格坚持“高标准”。然而，美国却从国际金融制度竞争的角度解读中国的政策，将设立亚投行视作挑战其主导的国际经济制度的行动，从一开始就鼓动日本、韩国、澳大利亚等盟友不要加入，一度在国际上造成寒蝉效应。2015 年 3 月，与美国具有特殊关系的英国不顾奥巴马政府反对，正式提交申请加入亚投行，这被舆论称为一场“外交政变”。在英国打开支持亚投行倡议的大门后，德国、法国、意大利、瑞士、卢森堡等欧洲国家纷纷提出加入申请，韩国、澳大利亚最后也表态决定参与。2016 年 8 月，美国的邻国加拿大宣布加入亚投行。除了美国和日本以外，英、法、德、意、韩、澳、加等国选择加入，这宣告奥巴马政府的抵制策略失效，从某种意义上说也显示出美国维护其传统“制度霸权”的能力在下降。

2015 年 7 月，金砖银行在上海投入运营，由印度专业人士担任第一任行长。金砖银行是冷战结束以来成立的重要区域性多边金融机构，它标志着中国推动金砖国家开展实质金融合作迈出了关键一步。实际上，金砖银行是在国际金融领域中国积极倡导和参与的制度建构成果，它不仅深化了作为新兴经济体的金砖国家之间的合作，而且为发展中国家参与国际金融建制提供了难得的经验。

国际制度建立的目的是为国家行为提供规范，更好地促进全球治理。从 1978 年改革开放以来的经验看，对外开放是推动中国经济社会发展的重要动力。中国在对外开放进程中主动建制，加大力度向国际社会提供公共产品，并不是奉行排他的、封闭的思维，而是坚持开放的、包容的原则。中国愿意在推动国际制度发展完善中发挥引导作用，但不会包揽包办一切，始终会倡导群策群力，践行共建共享。

最后，打造中国对外自由贸易网络。东盟 10 国拥有 6 亿人口，正在推动工业化，经济发展潜力较大，势头向上。中国与东盟在经济合作上具有互补性，双方经济自由化的前景被普遍看好。长期以来，经济关系和经贸合作是中国与东盟关系发展的基石。中国与东盟双方贸易额从 1991 年的 79.6 亿美元增长到 2015 年的 4 721.6 亿美元，增长 58 倍。中国和东盟在完成中国—东盟自由贸易区预定目标后，2015 年又签署了中国—东盟自由贸易区升级相关议定书，并于 2016 年 7 月生效。东盟国家通过了东盟互联互通总体规划，成立东盟基础设施基金，将加大力度改善基础设施相对落后的状况。中国和东盟 10 国是亚投行的创始成员国，双方可以在这一机制下共同加强本地区基础设施建设。中国承诺将为东盟互联互通总体规划提供援助得到东盟国家的欢迎。中国还积极与东盟共同推进区域全面经济伙伴关系谈判进程，促进区域经济一体化发展。为筑牢双方关系的基础，中国愿意与东盟推进商签“中国—东盟国家睦邻友好合作条约”，将双方发展友好关系的政治意愿以法律形式固定下来。中国支持东盟一体化建设和推动与东盟合作得到相关国家积极肯定，东盟国家普遍支持中国提出的“一带一路”、产能合作、互联互通等倡议，进一步密切双方经贸合作。

面对国际金融危机以来“逆全球化”思潮和保护主义抬头，中国积极推动以亚太经合组织经济体为基础建立亚太自贸区，加快区域经济一体化进程。亚太自贸区坚持开放的地区主义原则，通过平等参与、充分协商，最大程度增强自由贸易安排的开放性和包容性。2014 年，亚太经合组织北京峰会通过了《北京宣言》，启动亚太自贸区进程，并制定了路线图。习近平主席在 2015 年 11 月举办的亚太经合组织工商领导人峰会上指出："坚持构建开放型经济。……加快亚太自由贸易区建设，推进区域经济一体化。……提高亚太开放型经济水平、维护多边贸易体制。"为促进亚太自贸区，2015 年中国分别与韩国、澳大利亚签署自由贸易协定，并持续推进区域全面经济伙伴关系谈判。此外，在"一带一路"建设中，中国将投资贸易合作纳入重点内容，注重推动解决投资贸易便利化的相关问题，逐步消除投资和贸易壁垒，以建立自由贸易区为方向。

2014 年亚太经合组织北京峰会在北京雁栖湖召开

第四节　更加亲和的周边

十八大以来，中国在周边外交中提出践行正确义利观，倡导"共同、综合、合作、可持续"的亚洲安全观，打造人类命运共同体等新理念，致力于提高规则制定能力、议程设置能力、统筹协调能力。除了在政治互信、经济合作、安全协调上取得突破外，中国在周边外交中特别突出社会人文交流的基础性作用。

亚洲拥有全世界 67%的人口和 1/3 的经济总量，是全球经济增长的火车头，区域经济整合势头在加快。同时，中国周边国家从民族构成、文化形态、经济水平、宗教信仰、社会结构等方面看都呈现多样复杂的特点。国家之间的差异性使得构建统一的认同比欧洲更加困难。中国快速崛起被美日等国家渲染为“挑战地区秩序”，增加了周边国家社会的“不适应感”。尽管中国官方和媒体不断宣示中国“绝不称霸”，但周边国家对中国的疑惧仍没有减少。比如，国际上有些人将中国提出的“一带一路”倡议比喻为“中国版马歇尔计划”“新时期的朝贡体系”，在周边国家社会中产生误导效应。中国对此必须加大向国际社会的宣传解释力度，指出“马歇尔计划”实施于冷战对抗时代，对受援国带有附加条件，而“一带一路”倡议不谋求地区事务主导权和势力范围，不干涉地区国家内政，与其他既有机制和倡议并行不悖，具有高度开放性，鼓励各国自愿参与，平等互利，共同推进。不可忽视的是，认同基础偏弱增加了中国与周边国家建立战略互信的难度，也使得中国推行的周边外交政策常常遇到难以被对象国社会理解、接受的情况。在与周边国家的交往中，思想观念、意识形态、文化心理等方面的磨合是一个难以跳过的阶段。要想周边外交有更好的成效，中国就需要将相关对象国的社情民意、风俗习惯、文化遵循等因素纳入政策制定、执行与评估全过程。

当前全球经济、安全问题突出，亚洲仍是全球格局中的稳定板块。这一基本形势为中国构建更加亲和的周边提供了良好环境。2013 年，中国在奉行互利共赢的开放战略基础上，在周边致力于打造利益共同体、责任共同体之外，还提出打造“周边命运共同体”的理念，将中国的经济社会发展与周边国家的发展前景相对接。习近平主席提出：“让命运共同体意识在周边国家落地生根。”2014 年 12 月，外交部部长助理刘建超就亚洲形势和热点问题回答新华社记者提问时指出：“与邻国建立伙伴关系网络，以自身发展惠及周边，多做利于民、暖人心的事，深化周边国家人民与中国人民的友谊。”确实，国之交在于民相亲。中国需要一个安全稳定、和平繁荣的周边环境，其中社会互动和民心相通，已成为构建亲和周边的重要基础。

中国在推动“一带一路”建设中，非常重视以人文交流为纽带，在“五通”目标中纳入“民心相通”，以夯实亚洲互联互通和经贸合作的社会根基。这一做法有着充分的历史渊源，中国古代丝绸之路所表现出来的友好合作精神，可以在“一带一路”建设中得以传承和弘扬。东盟是中国推动“21 世纪海上丝绸之路”建设的重点区域。2015 年，中国与东盟国家双方人员往来超过 2 300 万人次，互派留学生规模达到 19 万人。中国和东盟之间建立了旅游合作年的机制，双方加强跨境旅游交流合作能够创造双赢。目前，双方力求实现 2020 年双方人员往来达到 3 000 万人次的目标。青年的交流对巩固与周边国家的关系具有独特的意义。截至 2015 年，中国赴东盟国家留学人员达 12 万人，东盟国家来华留学人员也超过 7 万人。2016 年 8 月，中国与东盟举行第二届教育部长圆桌会议，通过《中国—东盟教育合作行动计划 2016—2020》。这是中国和东盟之间第一个教育领域五年行动计划，构建起双方多元化的教育合作机制。东盟已是中国境外办学最为集中的地区，双方教育交流频繁。2016 年 9 月 7 日，李克强总理在第十九次中国—东盟（10＋1）领导人会议上提出建议，以教育和旅游合作为优先方向，进一步拓展合作内涵，将人文交流合作打造成为中国与东盟关系的第三大支柱。未来，中国和东盟国家可以继续扩大留学生学习交流的规模和范围，让更多的优秀青年在他们人生的早期阶段相识相交，巩固中国与周边国家民间友好的基础。对此，中国提出建议实施“中国—东盟双十万学生流动计划升级版”，争取实现双方学生流动总规模到 2025 年达到 30 万人次的目标。

在差异性大于共同性的国家和社会之间开展政治经济合作，如果没有文化等“软实力”作为基础和依托，那么挑战无疑会更大。文化交流、学术往来、人才交流、媒体合作等，是促进民间社会双向往来合作的重要渠道。2014 年 4 月，中国与东盟（10＋1）文化部长会议通过了《中国—东盟文化合作行动计划（2014—2018）》，该计划成为双方加强文化对话与合作的指导性文件。2016 年 9 月 20 日，首届丝绸之路国际文化博览会在甘肃敦煌举行，以推动文化交流、共谋合作发展为主题，为丝绸之路沿线各国交流合作提供了一个重要平台。中国与东盟智库对话交流不断深化，“中国—东盟智库战略对话论坛”作为国际高端交流对话平台的作用越来越显著。

中国还通过上合组织大力促进与俄罗斯和中亚国家的社会文化交流。中国签订《上海合作组织成员国长期睦邻友好合作条约》，以法律形式将世代友好理念固定下来，坚持不同文明包容互鉴、相互尊重、和谐共处，共创文化繁荣。截至 2015 年，中国已向上合组织成员国累计提供近 25 000 个政府奖学金名额。未来，中国还将继续落实好青年交流项目，从 2016 年起连续 5 年在华举办“上海合作组织青年交流营”，每年邀请上合组织成员国 200 名青年代表参加活动。此外，中国将在 2018 年之前完成为上合组织成员国 2 000 名中小学生举办夏令营活动。亚信是中国推动亲和周边关系的另一个重要平台。中国鼓励亚洲多元文明互学互鉴、共同发展。从长期看，中国周边外交将会秉持亲望亲好、邻望邻好的理念，更多地推进与周边国家民间社会的交流交往，将增信释疑的工作往下沉、做扎实，使对象国家切实感受到中国和平发展带来的正面效应。

第 6 章

构建全球伙伴关系网络

6 构建全球伙伴关系网络

改革开放以来，我国的外交战略是奉行不结盟外交，只广结朋友，不结盟友，以国家利益为基准，不以意识形态划线，不像美国那样在国际上搞“团团伙伙”。应当说，伙伴关系是中国对外关系着重持续发展的关键领域，也是十八大以来中国外交最鲜明的特色之一。中国基于和平发展、合作共赢的逻辑，面向世界各国发展不同层次、不同领域的伙伴关系，旨在通过加强伙伴关系纽带，推动各领域的全面合作，并在此基础上构建遍及全球的伙伴关系网络，这是一种外交实践创新。中国选择结伴外交具有历史和现实的必然性，为我国改革发展稳定创造了有利的国际环境。我们需要广交朋友、广结善缘、广延领域，坚持不懈持续推动发展更高层次、更深内涵、更富信任的伙伴关系，锻造出中国特色大国外交。

第一节 推进结伴不结盟外交

十八大以来，以习近平同志为核心的党中央审时度势，深入把握国际局势，提出和确立了对外工作的一系列新思想、新观点、新论断和主要目标任务，致力于与其他国家发展伙伴关系，强化彼此之间的利益联结，努力形成利益共同体。2014 年 11 月，习近平总书记在中央外事工作会议上，明确要求在不结盟原则的前提下广交朋友，形成遍布全球的伙伴关系网络①。实施结伴而不结盟的外交战略绝非偶然，而是有着深刻的历史和现实考量。这一战略在推进过程中也需要进一步发展完善，深化其实质内涵，服从服务于国家整体发展战略。

实践表明，结伴外交为我国经济发展营造了良好的外部环境，创造了重要战略机遇期。经过 30 多年的发展，结伴外交取得了明显的成效，主要表现在：一是“朋友圈”越来越大。截至 2017 年初，中国已同 90 多个国家或国际组织等建立了不同形式的伙伴关系，搭建了中非、中

① 习近平出席中央外事工作会议并发表重要讲话. 新华网，2014-11-29.

拉、中欧等多个多边对话平台，基本形成了覆盖全球的伙伴关系网络。这意味着我们对外有更大的主动性和灵活性，有更大的回旋空间和发展潜力。二是“压舱石”越来越重。目前，我国已超美国成为全球贸易伙伴国最多的国家，同时又是全球 120 多个国家的最大贸易伙伴，日益紧密的经贸关系构成稳定外部环境的非常重要的“压舱石”，即使与一些国家发生政治上的争端，两国间整体的贸易和投资往来也不太可能受到重大影响。三是“机制化”越来越突出。与各个重要伙伴均建立了制度化的联系轨道，就经济、政治等领域事务展开战略对话，建立定期沟通机制，在合作中点滴积累相互信任，努力消除双边关系中的不确定因素；就社会和文化事务，开展人文、教育等领域的交流活动，加强民间交往，增进彼此了解，使伙伴关系的民意基础更加雄厚、机制更加成熟。

结伴外交是一个国家参与世界、融入国际、塑造多中心格局的重要途径和外交方式，生动展现了该国的伙伴战略。20 世纪 90 年代，中国拉开了结伴外交的序幕，逐步建立起层次不同、类型多样的外交模式。1993 年中国与巴西建立了首个战略合作伙伴关系。自那时起，战略合作伙伴关系已经成为中国外交的一个显著特征。1996 年中国与俄罗斯建立了面向 21 世纪的战略协作伙伴关系。1998 年中国与韩国建立了面向 21 世纪的合作伙伴关系。2005 年中国与印度建立战略合作伙伴关系。各类型伙伴关系如雨后春笋般涌现出来。根据合作领域、功能定位、涵盖范围、战略地位等不同，中国结伴外交呈现出三大层次、十余种类，反映出结伴外交的取向和侧重。

第一个层次是具有高度战略内涵的伙伴关系，核心是加强深度军事安全、高度政治互信。目前，政治安全互信最高、军事合作最为密切的当属中俄全面战略协作伙伴关系与中巴（巴基斯坦）全天候战略合作伙伴关系，双方在涉及国家主权、安全、领土完整、发展等核心利益问题上相互坚定支持，在军事技术领域内紧密合作，在一系列重大国际和地区问题上立场接近。中俄全面战略协作伙伴关系处于历史最好时期。在政治领域，2013 年以来中俄最高领导人已会晤多达十余次，两国总理建立了定期会晤机制，中共中央办公厅与俄罗斯总统办公厅建立了直接交往合作机制，这在中俄高层交往历史中具有特殊的意义。中共中央办公厅是党中央的中枢机关，直接服务于党中央和总书记，政治地位极其特殊。俄罗斯总统办公厅在俄罗斯政坛也拥有特殊的位置，它是总统的主要直属办事机构，保障俄总统的一切活动，为总统实施宪法职权创造条件，可以说两个机构都是两国元首最贴心的参谋助手，它们之间建立起联系机制意味着双边的交往突破国家之间的普通交往，使之更直接、更深入、更通顺，体现了双边政治互信达到了相当的高度。在安全领域，密切在上合组织框架内的合作，建立定期开展军事演习机制，开展航天航空技术合作。在经济领域，推动“一带一路”倡议与欧亚经济联盟对接，深化能源合作。但中俄接近并不代表结盟或者准结盟，而恰恰是伙伴关系极具高度的表现。中巴全天候战略合作伙伴关系，被奉为超越社会制度的睦邻友好、互利合作典范，巴基斯坦是中国的铁杆朋友。同时，中德建立的全方位战略伙伴关系，就是超越了地区范围、一般范畴，带有全球性影响，虽不涉军事安全合作，但政治互信达到一定高度，对稳定和发展中欧关系具有突出作用。

第二个层次是具有较大支点作用、涉及区域和全球范围的伙伴关系，核心是互利互惠、经贸合作。主要体现为各类型的战略伙伴关系，重在强化经贸联系，就国际和地区事务问题展开战略合作。一是全面战略伙伴关系。这一伙伴关系在战略层次上具有全局性、长远性，而不是局部的、权宜的，政治互信达到一定的程度，不伤害对方的核心利益，包括不参与任何有损对方主权、安全和领土完整的同盟或集团，不采取任何此类行动，包括不同第三国缔结此类条约，不允许在本国领土上成立任何损害对方国家主权、安全和领土完整的组织和团体，并禁止其活动[①]。与中国建立全面战略伙伴关系的国家主要有意大利、秘鲁、马来西亚、西班牙、丹麦、南非、葡萄牙、印度尼西亚、墨西哥、蒙古、阿

① 中华人民共和国和白俄罗斯共和国关于进一步发展和深化全面战略伙伴关系的联合声明．新华网，2015-05-10.

根廷、委内瑞拉、巴西、法国、阿尔及利亚、白俄罗斯、哈萨克斯坦、希腊、澳大利亚、新西兰、埃及、波兰、塞尔维亚、伊朗、沙特阿拉伯等。二是全面战略合作伙伴关系。全面战略合作伙伴关系可以理解为长远的、全局性的、稳定的合作关系，与中国建立此类关系的国家大都分布在中国周边，它们与中国有着传统的政治友好与经贸关系，在安全和外交领域的合作有较深的基础，有越南、老挝、柬埔寨、泰国、缅甸等。三是战略伙伴关系。建立这一关系的双方在能源、资源等重点领域开展合作，与中国建立战略伙伴关系的国家有土库曼斯坦、尼日利亚、加拿大、塔吉克斯坦、吉尔吉斯斯坦、爱尔兰、乌克兰、安哥拉、阿联酋、卡塔尔、哥斯达黎加、捷克等。四是战略合作伙伴关系。建立这一关系的双方着眼于加深和促进经济合作关系，在安全问题上还需进一步拓展互信，与中国建立战略合作伙伴关系的国家包括韩国、印度、土耳其、斯里兰卡、阿富汗等。这些国家也都属于大周边的范畴。此外，还有 2016 年建立的首个以“创新”为名的创新战略伙伴关系：瑞士。瑞士是最早承认中国完全市场经济地位的欧洲国家之一，也是首个同中国签署自由贸易协定的欧洲大陆国家，对中国十分重要。

第三个层次是主要侧重经济领域、集中于双边的伙伴关系，属于一般意义上的合作关系。这一层次的国家，其经济、政治较有影响力，不过尚不是相当程度政治、安全和具备战略地位的国家，合作的侧重点主要在经济领域。一是全方位合作伙伴关系，与中国建立这一关系的国家有新加坡等，主要着眼于它们处于“心脏”地带的独特地缘地位。二是全面友好合作伙伴关系，与中国建立这一关系的国家包括罗马尼亚、保加利亚、马尔代夫，它们是“一带一路”重要沿线国家。三是全面合作伙伴关系，包括埃塞俄比亚、克罗地亚、尼泊尔、坦桑尼亚、刚果（布）、荷兰、东帝汶，它们对华保持长期友好。此外，还有合作伙伴关系、友好伙伴关系等，涵盖匈牙利、斐济、阿尔巴尼亚、特立尼达和多巴哥、安提瓜和巴布达，以及牙买加等。

还有一些尚处于调整中的关系。比如中美新型大国关系、中日战略互惠关系，严格上来讲，它们并不是伙伴关系，而是需要再清晰界定的双边关系。中方提议建设的中美新型大国关系，亟待磨合中求取共识。中日战略互惠关系虽经双方确认，但因 2010 年日本“购岛”闹剧引发双边关系恶化后名存实亡。与菲律宾的战略性合作关系，也因菲律宾前总统阿基诺的屡屡挑衅而恶化。2016 年 6 月，杜特尔特新政府上台后，双方努力修复双边关系。在就任总统 3 个多月后，杜特尔特总统于 2016 年 10 月 18 日至 21 日对中国进行国事访问，取得了不少成果，两国同意暂时搁置争议。不过，两国关系特别是关于南海争议后续如何发展仍待观察。

中国的伙伴关系外交网络见表 6－1。

表 6－1　　中国的伙伴关系外交网络

全面战略协作伙伴关系	俄罗斯（2011）
全天候战略合作伙伴关系	巴基斯坦（2015）
面向 21 世纪全球全面战略伙伴关系	英国（2015）
全面战略合作伙伴关系	越南（2008）、老挝（2009）、柬埔寨（2010）、缅甸（2011）、泰国（2012）
战略合作伙伴关系	印度（2005）、韩国（2008）、土耳其（2010）、阿富汗（2012）、斯里兰卡（2013）
全方位战略伙伴关系	德国（2014）
全面战略伙伴关系	法国（2004）、意大利（2004）、西班牙（2005）、葡萄牙（2005）、希腊（2006）、丹麦（2008）、南非（2010）、哈萨克斯坦（2011）、巴西（2012）、秘鲁（2013）、墨西哥（2013）、马来西亚（2013）、印度尼西亚（2013）、白俄罗斯（2013）、阿尔及利亚（2014）、阿根廷（2014）、委内瑞拉（2014）、澳大利亚（2014）、新西兰（2014）、蒙古（2014）、埃及（2016）、沙特阿拉伯（2016）、伊朗（2016）、欧盟（2003）、智利（2016）、厄瓜多尔（2016）、塞尔维亚（2016）、波兰（2016）、欧盟（2003）

战略伙伴关系	加拿大（2005）、尼日利亚（2006）、安哥拉（2010）、爱尔兰（2012）、阿联酋（2012）、乌兹别克斯坦（2012）、吉尔吉斯斯坦（2013）、塔吉克斯坦（2013）、土库曼斯坦（2013）、乌克兰（2013）、卡塔尔（2014）、哥斯达黎加（2015）、苏丹（2015）、约旦（2015）、捷克（2016）、东盟（2003）、非盟（2004）
创新战略伙伴关系	瑞士（2016）
更加紧密的全面合作伙伴关系	孟加拉国（2010）
全方位友好合作伙伴关系	比利时（2014）
全方位合作伙伴关系	新加坡（2015）
全面友好合作伙伴关系	罗马尼亚（2004）、保加利亚（2014）、马尔代夫（2014）
全面合作伙伴关系	埃塞俄比亚（2003）、克罗地亚（2005）、尼泊尔（2009）、坦桑尼亚（2013）、刚果（布）（2013）、肯尼亚（2013）、荷兰（2014）、东帝汶（2014）
友好合作伙伴关系	匈牙利（2004）、塞内加尔（2014）
合作伙伴关系	斐济（2006）、阿尔巴尼亚（2009）、特立尼达和多巴哥（2013）、安提瓜和巴布达（2013）、芬兰（2013）
友好伙伴关系	牙买加（2005）

资料来源：根据网络信息整理而成，括号内为伙伴关系确立年份。陈晓晨. 中国对外“伙伴关系”大盘点. http://rdcy-sf.ruc.edu.cn/displaynews.php? id=20474.

中国的结伴外交不仅体现于双边，还存在于多边国际组织，以上合组织最为典型。上合组织作为维护全球和地区和平、安全、稳定与发展的重要因素，树立了平等、互信、睦邻、合作的新型国家间关系典范，为国际社会提供了“结伴而不结盟”合作方式的样板。

总体上，中国发展结伴外交鲜明地体现出四个基本特征。一是坚持平等性。结伴外交的基础是主权平等，一国无论大小、贫富、强弱，均视为平等的伙伴，以大事小，不依势凌人，平等相待，不以强欺弱，恪守主权和领土完整原则，尊重各国推动经济社会发展的实践，维护各国自主选择社会制度和发展道路的权利。这是有别于主导型伙伴关系的突出特点。二是强调开放性。结伴外交的原则是开放包容、谦和大度，拒绝零和博弈思维，正如习近平指出的，“志同道合，是伙伴。求同存异，也是伙伴”[①]。主张交往合作应超越意识形态和社会制度，强调不同社会制度、发展道路、宗教信仰、文化传统、价值观念的国家和谐相处，共同追求合作利益的最大化，体现包容互鉴、兼容并蓄。三是突出合作性。结伴外交的导向，就是广泛发展各领域的合作，主动倡导议题，塑造周边地区伙伴关系，体现务实灵活，致力于以合作而非对抗的方式，以共赢而非零和的理念，倡导双赢、多赢、共赢，努力相互补台，力争好戏连台。四是倡导和平性。结伴外交的主题就是倡导和平、拒绝冲突，不预设假想敌，不针对第三方，即使是竞争对手，也不发展军事对抗因素，始终以和平、发展为主线推进伙伴关系。

结伴外交是时代的产物，是现实的因果。我国全力推进结伴外交，既顺应了当今和平与发展的时代主题，又服从服务于我国实现“两个一百年”的宏伟目标，具有历史必然性与现实必要性，显示着强大的生命力。

一方面，结伴外交是 21 世纪各大国外交政策中的一个新特点。过去 20 多年的伙伴关系发展实践表明，结伴外交是全球化热潮的产物。冷战后，世界各大国正在寻求调整其外交政策以适应正变得更为复杂和不确定的国际体系，正如结盟诞生于冷战时代，结伴则成为时下各国的偏爱，新兴大国追求结伴与守成大国强化结盟并行发展。欧盟高度重视发展伙伴关系，其中包括盟友、新兴国家、对手与发展中国家四个类型。南美大国巴西建立了 20 多个战略伙伴关系，视南美、非洲国家为天然伙伴[②]。印度维持了为数众多的战略伙伴关系。美国虽是结盟外交的拥护者，但也建立了密集的战略合作伙伴关系和战略对话平台。

另一方面，中国将结伴而不结盟作为发展对外关系的主轴和外交开拓的重点，富有合理性与必然性。结伴外交是中国拥抱全球化浪潮和全

---

① 习近平出席亚太经合组织工商领导人峰会开幕式并发表主旨演讲. 人民日报，2014-11-10.

② BRISCOE I，PEETERS T. A Southern Rising：Partnership and Power in Brazil's Africa Agenda. (2013-11-13). Internationale Spectator.

方位外交的过程，体现了适应世界体系、塑造有利世界秩序的努力①。它生动展示了我国的利益观、合作观、安全观和发展观。

中国选择结伴外交，顺应了和平、合作、发展的时代潮流，合乎全球化发展的历史规律，贴近中国实际国情，符合现实需要，并力争做到外交战略知与行的统一、国家利益内与外的统一、国际贡献合与和的统一。中国选择结伴外交，标志着今后将进一步地对外开放，多交朋友，广结善缘，继续奉行扩大对全球事务的参与的方针，更加广泛地参与国际和地区事务，提升国际影响力，为国家经济社会发展大局服务。中国选择结伴外交，宣示了断然告别过去那种结盟政治的对外关系模式，不会主动与别国进行对抗，坚决避免任何形式的结盟，在国际舞台上不以社会制度、意识形态划分和处理国家关系，奉行不偏不倚、独立自主的和平外交政策，真诚发展友好合作关系。

结伴外交告别了过去那种“以其人之道还治其人之身”的对抗逻辑，超越了结盟思维，致力于建设一个包容互鉴、合作共赢、和谐共生的伙伴关系体系，创新崛起新兴大国与守成大国互动相处之道，有助于避免权势转移过程中可能出现的体系对抗冲突，从而促进国际体系变革健康稳定、良性发展。尽管在实际推进过程中，结伴外交尚有一些“急难险重”问题需要审慎处理，但是我们相信，结伴外交对于今天的中国是一项有益于经济社会发展的明智选择，是一条顺应时代发展趋势的正确道路，须长期坚持不动摇，精心经营不懈怠，拓展延伸不停步，为实现中华民族伟大复兴的中国梦强劲护航。

第二节　全力打造全球支点伙伴

十八大以来，发展与支点国家的外交关系是一个重头戏，就是要推

① FENG Z P，HUANG J. China’s Strategic Partnership Diplomacy：Engaging with A Changing World. The European Strategic Partnerships Observatory Working Paper.（2014－06－08）. http://fride.org/download/WP8_China_strategic_partnership_diplomacy.pdf.

进与那些地区领袖国家的关系，可以将其归纳为支点国家外交。当前，中国多支点外交轮廓日渐清晰，布局日益完善，呈现崭新局面。习近平主席、李克强总理等党和国家领导人连续成功出访，外交日程密集高效，巩固、拓展、深化了与各主要国家的双边关系。

所谓支点国家，是那些具有举足轻重作用、承担地区性领袖责任的中等强国、地区大国，它们拥有影响地区和国际稳定的能力，对地区发展起着重要的助推作用。一个支点国家，除了在面积、人口和地理位置等方面有较大优势，并强调多边外交和参与国际组织之外，还必须拥有仅次于世界大国的经济和军事能力，可以在区域和全球层面的安全问题上发挥一定的主导作用。英国地缘政治学家麦金德最早从地缘的角度提出支点国家的概念，认为由于地缘的重要性，地区其他国家都要围绕支点国家运转。美国学者罗伯特·蔡斯等人认为，支点国家是那些行为和政策能够对地区甚至是世界局势持续产生深远影响的典型中等强国，它们的重要性源自其庞大的人口规模、较强的经济实力和军事力量、核心的地缘位置以及较强的文化影响或者丰富的资源能源。

支点国家在国际体系中显山露水不是偶然的，它兴起于全球化时代，活跃于多极化世界，超越意识形态，对优化自身环境、提升自己实力、增强影响力有较大的需求，对改善全球治理、完善国际体系、促进地区稳定有重要的意义。支点国家的确立与国家的战略目标紧密联系在一起，而该国的战略目标内涵包括多方面，战略支点就是为该国战略目标服务的，包括经济、政治、地缘、军事安全上的战略目标等。不同国家、不同时期有着不同的战略目标，所以，选择和认定的战略支点国家也不同。不过，一些具有重要影响力、较强国力的国家，是任何大国都无法轻视的。当然，也不能将支点国家整齐划一地归为同类型的国家，它们不仅在国情、国力方面具有很大的差异，而且其所具备的支点地位、起到的支点作用也有不同的表现形式。有的因为在宗教、地缘方面都具有很大的影响力，所以能起到支点作用，比如沙特阿拉伯、土耳其、埃及、伊朗、巴基斯坦，它们凭借其在地区的政治、经济、文化影响力网络，不仅在冲突解决中扮演关键角色，而且在缓和伊斯兰世界和非伊斯兰世界之间的关系上能起到关键作用。有的在地区经济中占据主导地位，因此在地区一体化整合过程中能够发挥领导者作用，如德国、巴西、南非、印度尼西亚等，它们分别是欧洲、拉美、非洲、东南亚地区的最大经济体。甚至有的小国在某些特定的条件下也可以成为大国的支点，比如新加坡、巴拿马、希腊、泰国等，它们或是占据重要航线，或是经济联盟的切入口。这种划分并不是刻板的，实际上，很多国家都因兼有文明、地缘、经济等多方面的优势而成为大国的支点，一国所拥有的特征越多，对于大国的支点作用越是重要。

支点国家对大国实现国家利益目标、扩展延伸全球影响能够起到加速、增强和支撑作用，可以为大国制定全球战略提供必要的参考和有益的框架。一方面，它们成为大国困境的“减压阀”，帮助避免或减少消极因素、不利环境，大国借助支点国家摆脱在该地区或国际舞台上的被动局面，以至于能够扭转局面，形成有力的回击、有利的态势。另一方面，它们成为大国影响的“倍增器”，大国吸引支点国家的支持，能拓展大国在该地区的影响，增强话语权和说服力，同时增强大国行动的主动性、有效性、灵活性。中国需要保持一个有利于国内经济改革和增长稳定的外部环境。成为全球性大国，维护和拓展全球利益，科学确立战略支点是一门必修课。为了实现这一目标，最大限度地改善当前国际环境，稳定外交上的可预知性，中国需要建立自己的战略支点，通过加强与支点国家在政治、经济、文化乃至安全上的紧密联系来取得“搞好一个带动一片”的效果。赢得特定区域举足轻重的国家的支持，对拓展延伸国家利益具有战略性的意义。

2013年以来，中国推进支点外交不遗余力，特别是最高领导层不辞辛劳，展开密集的点对点外交，提升了双边和多边的战略关系，取得了较大的成果。

实际上，周边外交已提升到外交工作的首要位置，成为中国外交的优先方向。韩国作为周边外交的重要一环，也是新兴国家的一个代表，在中国外交格局中占据重要位置，影响中国外交布局乃至地区局势走向。面向韩国构筑支点是中国周边外交的一个尝试。建交以来，中韩两国间的贸易规模不断扩大，从 1992 年的 50 亿美元猛增至 2014 年的 2 900 亿美元，贸易额增加了 57 倍。中国是韩国的最大贸易伙伴、最大出口市场、最大进口来源国、最大海外投资对象国，韩国是中国第三大贸易伙伴、第五大外资来源国，已取代日本成为中国最大进口来源国，双方互为最大海外旅行目的地国。政治上，双方建立了中韩战略合作伙伴关系。2014 年 7 月，习近平主席对韩国进行国事访问，双方宣布中韩努力成为共同发展的伙伴、致力于地区和平的伙伴、携手振兴亚洲的伙伴、促进世界繁荣的伙伴。韩国还加入中国倡导成立的亚投行并成为其大股东之一。时任韩国总统朴槿惠出席 2015 年 9 月 3 日在北京举行的中国人民抗日战争暨世界反法西斯战争胜利 70 周年纪念活动并参加当天的阅兵仪式。王毅外长曾经指出，今天的中韩关系正处于历史最好时期。然而，这又是一个最复杂的时期。围绕“萨德”导弹防御系统部署问题，中韩分歧重大，“萨德”问题已成为影响和制约中韩关系发展的一大现实困境。特别是 2016 年 7 月，不顾中国强烈反对，美韩正式宣布在韩国部署“萨德”系统，朴槿惠一再强调这是一个不受任何国家左右的和不可更改的决定，这已经破坏了中韩关系的信任基础，中韩关系陷入空前危机，2017 年 5 月，文在寅当选新一届韩国总统，中韩关系或面临转机。中国对这个支点国家尽管精心构筑、重点发力，但受到美国等外力的破坏，因此未来不确定性进一步增加。

按照经典地缘政治理论，哈萨克斯坦地处欧亚大陆接合部，是麦金德眼中的亚欧大陆的“心脏地带”，成为贯通亚欧大陆的枢纽，直接影响中国影响力向该地区辐射，也是重要的战略支撑点。哈萨克斯坦在中国外交布局中的重要性无须赘言。2011 年双方宣布发展全面战略伙伴关系。2013 年 9 月，正是在访问哈萨克斯坦期间，习近平主席首次提出共建“丝绸之路经济带”。此后，“一带一路”倡议已从蓝图转变为一个个实实在在的项目。中国高层对哈萨克斯坦展开了外交魅力攻势。习近平主席还邀请哈萨克斯坦总统纳扎尔巴耶夫到专机上共进早餐，吃家常咸菜加小米粥、饭后一杯清茶的画面被人们津津乐道。继习近平主席 2013 年访问哈萨克斯坦之后，李克强总理在 2014 年 12 月对哈萨克斯坦进行

韩国民众在首尔国防部外抗议部署“萨德”系统

正式访问并举行中哈总理第二次定期会晤。不到半年，2015 年 5 月，习近平主席再次对哈萨克斯坦进行访问，就“一带一路”建设等重大问题展开合作讨论。

印度尼西亚是东盟最大的经济体，作为东盟实力最强的国家，被誉为东盟的火车头，其在地区乃至世界舞台上都具有重要的位置，特别是其地缘战略位置影响我“21 世纪海上丝绸之路”倡议的顺利实施。2013 年是新一届中央领导集体就任后的首年，是年 10 月，习近平主席对印度尼西亚进行国事访问，其间首次提出“21 世纪海上丝绸之路”的倡议。至此，“一带一路”的倡议正式成形。应当说，印度尼西亚由于其扼守马六甲海峡，连接太平洋、印度洋通道的独特地缘位置，所以对中国“一带一路”倡议的实施特别是对“21 世纪海上丝绸之路”倡议的推进至关重要。因此，中国已经提出将“一带一路”倡议与印度尼西亚的“全球海洋支点”计划相对接。2015 年 6 月，习近平在与印度尼西亚总统佐科通话时表示，中方建设“21 世纪海上丝绸之路”构想同印尼方打造“全球海洋支点”计划高度契合。我们一致同意，双方要加快发展战略对接，尽快确定经贸合作优先项目，实现互利共赢。无论是从地缘政治、经济角度看还是从安全角度看，推进与印度尼西亚的深度合作，符合中国的战略利益，将其作为海上的战略支点具有必要性。

泰国和新加坡的战略价值和经济作用自不待言，其影响力已经超越国力的范围，对中国国家利益的实现有着助推作用。值得注意的是，柬埔寨作为东南亚小国，虽然国力较弱，但由于其在东盟里可以为中国公正发声，抵制菲律宾、越南等国对中国的发难，中柬长期友好，两国建立了全面战略合作伙伴关系，高层接触频繁，所以成为中国对东盟外交的战略支点国家。

巴基斯坦作为中国“一带一路”倡议的重要枢纽，是通往印度洋和中东地区的战略通道，尤其是其靠近波斯湾的瓜达尔港更具战略价值，可将中国的战略投送能力前置数千公里。中国如能建成中巴经济走廊，就能绕过印度洋、马六甲海峡，直接从波斯湾到达西方，从而形成对中国相当有利的战略态势。此外，在中国与印度的较量中它能够发挥制衡作用。可见，巴基斯坦是中国从一个地区大国向世界性大国转变的核心部分[①]。此外，巴基斯坦作为唯一拥有核武器的伊斯兰教国家，在伊斯兰世界中拥有特殊影响力，如何成功地将对巴基斯坦的外交影响转化为对伊斯兰世界的外交影响将是中国对巴基斯坦外交的一个重要考量。

东非国家吉布提虽为小国，但扼守红海进出印度洋的要冲，是实施中东非地区“一带一路”倡议的关键点，也是通往欧洲和非洲的海上必经之地，其战略位置十分重要。若能在此建立稳固的军事支点，那么可前进影响非洲大陆、中东和印度洋三个方向，亦可作为我国护航舰队的重要补给基地，为打击海盗提供支援保障。吉布提在 2015 年 3 月我国从也门撤侨工作中扮演了重要角色，有力地保障了撤侨行动的成功。据报道，中国已经租用吉布提的港口，在吉布提建设海军后勤保障设施。中国外交部发言人表示，这是为在亚丁湾、索马里的护航编队提供后勤保障，有利于中国军队进一步执行好护航任务，为地区和平稳定做出新贡献[②]。

---

① TWINING D. As the US Pivots Away，China Bets on Pakistan.（2015－04－23）. Pacific Forum CSIS，Honolulu，Hawaii No. 26.

② 2016 年 1 月 21 日外交部发言人洪磊主持例行记者会.（2016－01－21）. http://www.fmprc.gov.cn/web/fyrbt_673021/jzhsl_673025/t1333693.shtml.

希腊是亚洲进入欧洲的门户，以及“一带一路”倡议连接欧洲的节点和纽带。2013 年以来，两国深化发展全面战略伙伴关系，不断扩大各领域友好合作。2014 年 2 月，中国国家主席习近平在出席索契冬奥会活动期间会见希腊总统帕普利亚斯。2014 年 6 月，李克强总理对希腊进行正式访问，两国签署《关于加强双边经济投资合作的谅解备忘录》等合作协议。2014 年 7 月，习近平主席过境访问希腊罗德岛，希腊总统和总理均亲赴接待。2015 年，两国仍然保持密切的高层会面或通话。中国同希腊签订大单，投入巨额资金，试图将希腊打造成为“一带一路”倡议进入欧洲的桥头堡。实际上，希腊是一个地地道道的航运大国，中国的石油进口有一半是租借希腊的船队完成的。

德国作为欧盟最大的经济体和领导国家，掌握着欧盟发展的命运，当为中国对欧外交的一大支点。德国一直是中国在欧洲的最大贸易伙伴。2016 年，双边贸易额为 1 512.9 亿美元。德国也是欧洲对华技术转让最多的国家。截至 2016 年底，中国从德国引进技术累计22 817 项，合同金额达 744 亿美元。德国还是欧盟对华直接投资最多的国家，中国累计批准德国企业在华投资项目 9 394 个，德方实际投入 281.8 亿美元[①]。政治上保持高层密切往来，2014 年 3 月，国家主席习近平访德，确立了全方位战略伙伴关系的新定位。2014 年 10 月，李克强总理访德，两国共同发表《中德合作行动纲要》，签署双边贸易与相互投资及技术合作协定总额为 181 亿美元。2006 年至 2016 年，德国总理默克尔先后 9 次访华，创造了西方国家在任领导人访华次数纪录。此外，2016 年 9 月 4 日，默克尔总理来华出席二十国集团领导人杭州峰会，习近平主席与默克尔总理举行双边会晤。

英、法作为联合国安理会常任理事国与经济大国，在西方世界扮演重要的角色，特别是英国在西方国家中率先加入中国倡导的亚投行后，其他西方国家掀起一股争相加入亚投行的热潮，可以说起到了风向标的

---

① 中国同德国的关系.（2017－02）. http://www.fmprc.gov.cn/web/gjhdq_676201/gj_676203/oz_678770/1206_679086/sbgx_679090/.

作用。2015 年 10 月，习近平主席对英国进行国事访问，确立了英国在人民币国际化进程中的支点地位。当然，在英国以 51.89%的得票率赢得脱欧公投以后，尤其是特蕾莎·梅新政府于 2016 年 7 月上台后，中英关系以及英国对中国的战略地位发生了微妙的变化，还需要持续关注并保持关系稳定。

在南太平洋方向，澳大利亚对于中国的经济利益和安全利益都具有不可忽视的影响，需对此给予特别关注，以经贸纽带积累政治安全互信。南太平洋岛国虽属袖珍之国，但非常重要，广阔的专属经济区、渔业、海底资源等潜力不可低估，且还可为我国远洋舰队提供港口补给，应给予高度重视。习近平主席于 2014 年 11 月访问斐济[①]，这是中国国家主席第一次正式访问南太平洋岛国地区，其所折射出的意义不言而喻。对于影响力日增的太平洋岛国论坛，斐济总理曾公开宣称，要么澳大利亚和新西兰退出，要么让中国加入。

还有一些地缘位置十分重要的港口，是中国确立海外支援港口不可或缺的一环。被称为中国“珍珠链”的瓜达尔港（巴基斯坦）、汉班托特港（斯里兰卡）、皎漂港（缅甸）等，都是要着力发展争取的关键支点。伊朗和沙特阿拉伯、土耳其作为伊斯兰世界大国，分别在什叶派穆斯林和逊尼派穆斯林中扮演领导者角色，与之发展高水平的合作关系，既有助于维护中国在中东地区的战略利益，也对发展与伊斯兰世界的友好关系起到正面作用。

以上这些支点外交，主要是针对“一带一路”沿线国家设点布局。当然，中国推进的支点外交远不止这些。在亚欧大陆以外，还广泛分布着中国的一些友好国家和重要伙伴，其虽远离中国，但是对中国的战略价值同样十分重要，它们是中国对外贸易的重要对象以及能源、资源主要来源地，特别是其政治价值难以替代，中国在国际多边舞台上能有多精彩的表现，还要看这些伙伴特别是支点伙伴的支持力度和拥护程度。

---

① 杜尚泽，颜欢. 习近平开始对斐济进行国事访问. 人民日报，2014-11-22.

在中国外交当中，中非关系一直发挥着十分重要的作用，远的如在中国加入联合国、亚非会议、不结盟运动中给予中国强有力的支持；今天非洲依然在中国外交中扮演独特的角色，如在全球气候谈判、贸易投资、台湾问题、南海问题等重要议题上给予中国支持。可以这么认为，中非合作成为中国倡导的构建新型国际关系的典范，真正体现了平等互利、合作共赢的新思路。非洲国家中，南非、埃及一南一北作为中国发挥在非影响力的支撑点，对中非关系发展起到了“保鲜”和“增温”的作用。南非作为非洲最大的经济体之一和经济最发达的国家，对非洲特别是撒哈拉以南非洲有着重大影响力。世界舆论普遍认为，南非是非洲的天然领导者。1994 年，联合国南非观察团负责人安吉拉・金就断言，南非将很快成为非洲快速发展的一个催化剂，不仅南部非洲地区，而且包括非洲大陆其他地区。2013 年 3 月，习近平就任国家主席后即对南非开展国事访问。两年后，2015 年 12 月，习近平主席再次对南非进行国事访问并与祖马总统共同主持中非合作论坛约翰内斯堡峰会。两国还建立了定期举行战略对话的机制，双方就所有关心的问题展开广泛深入的磋商。2008 年 4 月，在北京，两国举行首次战略对话。此后，2009 年 9 月、2010 年 11 月、2011 年 9 月、2012 年 11 月、2013 年 10 月、2014 年 12 月和 2016 年 9 月举行 7 次战略对话[①]。对中国来说，南非在非洲特别是南部非洲所拥有的影响力和号召力是非洲其他国家所难以具备的，同时南非在国际多边场合日益活跃的身影也激发了中国与之合作的兴趣。从更深层次上看，两国在国际体制转型、国际新秩序构建、全球治理机制等一系列问题上，都有着较大的利益汇合点。因此，面对非洲在中国对外战略中越来越重的分量，中国着重发展与南非的战略关系，有助于发挥其对于中国的战略支点作用，有助于确保中国在非洲的重要利益，有助于推进扩大中国在新兴国家群体中的话语权。

远隔太平洋的拉丁美洲，幅员辽阔、资源丰富、市场庞大，各国政

---

① 中国同南非的关系.（2017－02）. http://www.fmprc.gov.cn/web/gjhdq_676201/gj_676203/fz_677316/1206_678284/sbgx_678288/.

治独立性强，尤其是近年对美国保持了坚定的自主性，不少国家反美情绪高涨，形成了反美国家联合态势。一个政治上独立的拉美世界，就可以不用太多顾忌美国的态度来发展与中国的战略合作关系。拉美世界的大国巴西、阿根廷是中国重要的合作对象，智利、委内瑞拉、古巴、哥斯达黎加等国也是这一区域的重要角色，是中国深入拉美开拓广阔市场的切入点①。习近平、李克强等新一届党和国家领导人就任以来，对拉美地区展开高频度的访问，签订数百亿美元的合同，扩大深化经贸联系，同时巩固提升政治关系。巴西作为拉美地区最大和经济实力最强的国家，无疑在该地区有着举足轻重的地位。面向巴西发展战略关系是中国支点外交的重要组成部分，两国建立了全面战略伙伴关系，经贸关系密切，2015 年中巴双边贸易额为 716 亿美元。中国和巴西同为新兴经济体的重要一员，中巴在联合国、二十国集团、金砖国家、“基础四国”等多边舞台上密切合作，在气候变化、国际金融体系改革、新兴国家合作等重要国际议题上协调立场，进行战略合作。因此，巴西既是中国对拉美外交的战略支点，也是国际多边外交的一个支点。

应当注意的是，支点国家从来就不是一类国家群体，相互之间差异性很大，有的相互之间还有矛盾，经营这些支点，巩固深化友好关系，需要集中投入资源、精力，智慧地加以处理。这是十八大以来中国外交富有特色的组成部分，也是领导人倾注时间和精力抓紧办、亲自办的体现。

第三节　打造多边外交平台

十八大以来，中国外交继承了奉行多边外交的历史传统，积极参与既有多边平台，突出打造具有中国特色、世界影响的新机制，围绕这些平台机制，努力将中国的外交伙伴编织成为网络，形成形式多样、种类

---

① BOARD E. China's Pivot to Latin America. Bloomberg View，2015-05-25.

多元、功能各异、遍及全球的伙伴关系网络。多边外交舞台在外交决策和议事议程中的地位日益提高，特别是中国开始探索倡导设立新的多边机制。在打造多边平台过程中，尤其重视在其中的发言权和影响力，包括与印度、俄罗斯、巴西、南非一道建立金砖国家机制，在二十国集团架构内开展新兴国家多边合作，创设中非、中拉、中阿、中欧、中国—东盟、中国—南太等多地区、多层次的对话合作机制，创设亚投行、丝路基金等多边机构，提出“一带一路”等重要国际倡议。

第一，积极参与既有多边平台，通过扩大话语权来扩展中国的影响力，成为国际多边合作伙伴和建设者、支持者。中国在世界多边外交平台上，扮演着越来越重要的角色，成为维护和推动地区与世界和平发展的重要积极力量。

当前，新兴国家参与国际多边治理最具代表性的当属二十国集团。二十国集团也是中国首次以塑造者、创始国和核心成员身份平等参与全球经济治理的新机制。特别是 2013 年以来，中国以更加积极的姿态，与国际社会主要国家合作加强国际宏观经济政策协调，加强金融风险管控，推动全球治理架构以及国际货币基金组织和世界银行的份额改革；积极支持能源、气候变化、粮食安全、基础设施投资、反腐败等非传统议题纳入二十国集团议程。习近平主席强调，要让二十国集团真正成为世界经济的“稳定器”、全球增长的“催化器”和全球经济治理的“推进器”。2013 年 9 月 5 日，二十国集团领导人第八次峰会在俄罗斯圣彼得堡举行。习近平主席在二十国集团领导人峰会第一阶段会议上指出，各国要树立命运共同体意识，真正认清“一荣俱荣、一损俱损”的连带效应，在竞争中合作，在合作中共赢。2015 年，习近平主席赴土耳其出席二十国集团领导人第十次峰会，就加强和完善国际经济治理谈了中国的设想。2016 年 9 月，中国在杭州首次举办二十国集团领导人第十一次峰会，习近平主持峰会欢迎仪式、开幕式、五个阶段会议、闭幕式等十余场活动。多个国家元首和国际组织领导人汇聚杭州，商讨全球经济发展和可持续发展等重要议题。习近平主席开启了“白加黑”“连轴转”的繁忙模式，接连会见奥巴马、普京等前来与会的世界重要国家元首。

正如中国外长王毅指出的，中国进入繁忙的“多边外交季”。中国主办二十国集团领导人峰会，并参与数场重要的地区及全球性多边活动[①]。在杭州峰会上，中国不仅就经济议题提出重要倡议，还就国际安全观提出中国的新看法。中国再次强调要抛弃过时的冷战思维，树立“共同、综合、合作、可持续”的亚洲安全观。杭州峰会是近年来中国最重要的主场外交之一，也是近年来我国举办的级别最高、规模最大、影响最深远的国际峰会，有力地推进了中国对国际多边外交的贡献度，提出了全球经济治理的中国方案，扩大了中国的国际影响力和话语权。可以预见，未来多年，在二十国集团机制运作中，中国将发挥越来越重要的影响力。

中国还积极参与安全和发展合作多边机制。2014 年 5 月，中国举办亚信上海峰会，共有 40 多个国家和国际组织领导人、负责人或代表应邀与会。峰会上，中方正式接任 2014 年至 2016 年亚信主席国，推动亚信成为覆盖全亚洲的安全对话合作平台。习近平多次出席上合组织成员国元首理事会，李克强总理出席上合组织成员国总理会议，中国同欧亚地区国家实现高层往来全覆盖，在上合组织框架内，中国与各成员国、观察员国等的伙伴关系有了进一步的提升。2014 年 11 月，在北京举行亚太经合组织领导人第二十二次非正式会议，在这场中国“新改革元年”最大规模的国际盛会上，习近平提出构建亚太自贸区等一系列重要倡议。2015 年，习近平出席亚非领导人会议和万隆会议 60 周年纪念活动，发出发展中世界加强紧密合作的中国强音。此外，中国还每年定期举办博鳌亚洲论坛年会，尤其是主办澜沧江—湄公河合作首次领导人会议等，这些积极活动已经成为提出中国方案和倡议、展示中国形象的重要舞台，也是广结伙伴、广交朋友的生动体现。

第二，探索创立国际多边合作机制和机构，广结天下伙伴，成为国际社会的领导者和贡献者。

2013 年 3 月，第五次金砖国家领导人峰会决定建立金砖银行，简

---

① 王毅．G20 峰会在即，中国将进入繁忙的“多边外交季”．新华网，2016-08-25.

化金砖国家间的相互结算与贷款业务，减少对美元和欧元的依赖，启动资金为 1 000 亿美元。2014 年金砖银行成立，2015 年 7 月正式开业，总部设在中国上海，首任理事长来自俄罗斯，首任董事长来自巴西，首任行长来自印度。中国倡议设立的亚投行，正成为中国结伴外交的一个新的实践。亚投行于 2017 年 1 月 17 日正式开业，创设会员国多达 57 个，并且还不断有新的国家申请加入。亚投行正式成员国按大洲分，主要有亚洲 34 个、欧洲 18 个、大洋洲 2 个、南美洲 1 个、非洲 2 个，总计 57 个。具体来看，联合国安理会五大常任理事国除了美国，其余全部参与；二十国集团国家占了 14 席，七国集团国家占了 5 席，金砖国家全部加入。可以说，除了美日之外，亚投行囊括了世界上最主要的经济体。中国展现真诚伙伴的魅力，亚投行的成立是无法阻挡的。

第三，搭建众多地区对话的平台机制，为中国发展同这些地区国家的关系创造良好的条件。

中国巩固和深化与传统伙伴关系的重要途径就是积极搭建多边合作对话平台。目前，已经有中非合作论坛、中拉论坛、中国—东盟（10＋1）领导人会议、中阿（阿拉伯）论坛、上合组织、中国—中东欧国家合作“16＋1”新机制等平台，这些都为中国发展伙伴关系、有效推进伙伴外交起到了加速器和稳定器的作用。特别是围绕“一带一路”建设推进情况，2017 年 5 月，中国举办“一带一路”国际合作高峰论坛，29 位外国元首和政府首脑和来自 130 多个国家约 1 500 名各界代表等出席，取得了重大外交成果。

做深中非合作论坛。加强同非洲国家的团结与合作，始终是中国独立自主和平外交政策的重要组成部分。中非合作论坛是中国和非洲国家在南南合作范畴内的集体对话机制。中非合作论坛 2000 年首次举办以来，已经成为加强中非合作最重要的平台之一，推动中非关系健康快速发展。2015 年 12 月，习近平主席在中非合作论坛约翰内斯堡峰会开幕式上阐述了中国对非政策新思想新理念，宣布了中非“十大合作计划”，支持非洲加快工业化和农业现代化进程，实现自主可持续发展。“十大合作计划”包括中非工业化合作计划、中非农业现代化合作计划、中非基础设施合作计划、中非金融合作计划、中非绿色发展合作计划、中非贸易和投资便利化合作计划、中非减贫惠民合作计划、中非公共卫生合作计划、中非人文合作计划、中非和平与安全合作计划①。

做大中拉论坛。中拉论坛是十八大以来中国在原有合作机制的基础上精心打造的新的更广范围对话合作平台。近年来，中国和拉美地区整体性合作取得了实质性进展，特别是中拉多个新的对话合作机制建立，在双边关系的基础上，拓展和提升了对拉美多边外交的范围和层次，显著地推动了中拉全面伙伴关系的发展。2013 年以来，习近平主席同拉共体成员国领导人多次举行会晤。2014 年 7 月，习近平主席在巴西利亚与拉美和加勒比国家领导人会晤，共同宣布建立中拉平等互利、共同发展的全面合作伙伴关系，建立中拉论坛，并提出了共同构建“1＋3＋6”合作新框架的倡议。为落实习近平主席的倡议，2015 年 1 月 8—9 日，中国—拉美和加勒比国家共同体论坛首届部长级会议在北京召开，论坛通过了《中拉论坛首届部长级会议北京宣言》《中国与拉美和加勒比国家合作规划（2015—2019）》和《中拉论坛机制设置和运行规划》三个重要的成果文件。这是标志中国与拉美和加勒比地区合作进入新阶段的历史性事件，拉近了中国与拉美和加勒比地区国家的关系，促进了共同发展，创造了新的机遇。中国大国外交完成了面向拉美地区合作的战略布局。

做深中阿论坛。中国—阿拉伯国家合作论坛成立于 2004 年 1 月 30 日，为中阿双方进行对话与合作提供了一个新的平台，使中阿关系的内涵进一步丰富、双方关系发展进一步提升。特别是当下“一带一路”建设直接辐射阿拉伯国家地区，为双方关系发展增添了新的积极因素。中国还积极加强政党对话。2016 年 1 月，国家主席习近平成功访问沙特阿拉伯、埃及并在阿盟总部发表重要讲话。中国政府首次发表《中国对阿拉伯国家政策文件》，掀开了中国与阿拉伯国家关系发展的新篇章。为

① “十大合作计划”助力中非关系升级. 新华网，2015-12-05.

2015 年 1 月 8—9 日，中国—拉美和加勒比国家共同体论坛首届部长级会议在北京举行

推动中阿关系进一步发展，2016 年 4 月 21—22 日在中国银川举办了首届“中国—阿拉伯国家政党对话会”，主题为“中阿共建命运共同体——政党使命”。对话会上，中国共产党与来自 16 个阿拉伯国家的 30 个政党及智库、媒体代表深入互动，坦诚沟通，为发展中阿关系积极建言献策。中国与阿拉伯世界的关系之所以能保持健康良好，不仅是因为中国坚持公正客观的立场，着力发展与阿拉伯国家的双边关系，而且是因为打造了不少像中国—阿拉伯国家合作论坛这样高层次、高水平的多边对话机制，整体性地拉近了双边关系。

建立中国—中东欧国家合作“16＋1”新机制。为拓宽与中东欧国家之间的友好合作，2012 年在波兰华沙首次举行“16＋1”峰会。2015 年，中国首次作为东道主举办“16＋1”苏州峰会，李克强总理主持这次峰会。这一机制平台越做越大，范围越做越广。在苏州峰会上，出席本次峰会的除了中国和中东欧 16 国领导人，还有来自欧盟、奥地利、希腊和欧洲复兴开发银行的观察员。李克强说：“16＋1 合作好比一辆高速列车，从华沙到布加勒斯特，从贝尔格莱德到苏州，正在不断加速。”[①] 在中国的积极推动下，中国—中东欧“16＋1”机制成为中国与欧洲“一带一路”合作最重要的平台。

总之，中国打造的伙伴关系网络不是排他性、对抗性的，而是开放性、合作性的。这是由中国坚持和平发展道路决定的，是由中国维护国家利益的坚定决心决定的，是由中国奉行不结盟外交政策决定的。事实证明，结伴外交增添了对外合作联系的桥梁和纽带，密切了与诸多重要国家特别是支点国家之间的互利往来，在求同存异中聚同化异，加深了政治互信，提升了战略关系，打开了中国大国外交的新空间。当然，在处理伙伴外交过程中，难免会碰到这样那样的问题，但这也是国际关系中的普遍现象，任何国家之间不可能不存在矛盾和分歧，关键是要把握得当、处理有方。

---

① 16＋1 合作机制成了“香饽饽”. 中国政府网，2015-11-25.

China's **Wisdom**

第 7 章

推动全球治理变革

7 推动全球治理变革

全球治理成为当代国际关系焦点的原因是全球性问题日益突出。全球性问题的特点是超越国家边界，无论是发达国家还是发展中国家，无论处于什么大陆，无论什么制度，都会受到全球性问题的影响。全球性问题的一大特征是与非传统安全问题紧密联系。传统安全是指战争对国家安全的影响，非传统安全问题超越国家边界，直接影响人的安全，比如全球性传染病虽然没有造成直接的国家损失，但直接影响国民健康。因此，全球性问题带来了新的安全问题，其影响比传统安全问题更严重，这使得各国携手应对全球性问题显得十分迫切，全球治理孕育而生。十八大报告指出："世界仍然很不安宁。国际金融危机影响深远，世界经济增长不稳定不确定因素增多，全球发展不平衡加剧，霸权主义、强权政治和新干涉主义有所上升，局部动荡频繁发生，粮食安全、能源资源安全、网络安全等全球性问题更加突出。人类只有一个地球，各国共处一个世界。……要倡导人类命运共同体意识，在追求本国利益时兼顾他国合理关切，在谋求本国发展中促进各国共同发展，建立更加平等均衡的新型全球发展伙伴关系，同舟共济，权责共担，增进人类共同利益。"可见，中国虽然是全球治理的后来者，但愿意为推动全球治理变革、应对全球性问题发挥应有的作用。

第一节　全球治理陷入困境

当代世界全球性问题日益突出，总体来看，全球性问题主要分为经济、政治、社会、自然四种类型。经济领域的全球性问题主要有全球金融、贸易、投资、能源体系的动荡，贫困问题严重以及资源能源枯竭，影响全球经济稳定增长，特别是造成发展中国家发展的困境。政治领域的全球性问题最突出的就是恐怖主义的滋生和蔓延，它严重影响各国国家安全和国民安全。社会领域的全球性问题主要有跨国犯罪、粮食安全、全球性传染病等。自然领域的全球性问题最具代表性的是全球气候变化带来的极端天气对人类生产生活的破坏。

治理全球性问题需要恰当的治理观念和手段，但是今天全球治理的主要手段还是美国自二战结束后主导建立的关贸总协定（1995 年后成为世界贸易组织）、世界银行、国际货币基金组织和联合国等国际组织。时过境迁，当今世界的力量对比发生了巨大变化，西方发达国家在新兴经济体增长态势下整体地位相对下降。更重要的是，新兴经济体崛起体现了非西方文明的崛起，打破了只有西方文明特别是盎格鲁-撒克逊文明才是通往现代化的唯一道路的预言，人类现代化道路的价值观念更加多元。在此背景下，面对日益增多的全球性问题，二战结束时建立的那些国际组织的价值观和内部力量结构的分配都已无法适应世界发展的新要求，这导致诸多全球治理议题陷入困境。

当前全球经济仍然没有走出全球金融危机的影响，发达国家和新兴经济体都复苏乏力。联合国发布的题为《2016 年世界经济形势与展望》的报告显示，未来两年全球经济只会有小幅改善，预计 2017 年世界经济将增长 3.2%（见图 7－1）。全球经济正面临五大不利因素：宏观经济不确定、大宗商品价格走低和贸易流动减少、汇率波动性和资本流动性上升、投资和生产率增长停滞、金融市场和实体经济活动之间脱节。报告提到，在大宗商品价格走低、大量资本外流，以及金融市场波动幅度提升的背景下，发展中国家和转型经济体的经济增速下降到自全球金融危机以来的最低水平；全球经济增长的部分中心将再次转移到发达经济体。报告预测，发展中国家经济将在 2017 年增长 4.8%；在发展中国家中，南亚已成为经济增长最快的地区，预计 2017 年增长 7%。报告对发达经济体 2017 年的预期是：美国经济增长 2.8%，欧盟经济预计增长 2.2%，日本经济预计增长 0.6%（见图 7－2）。报告说，广泛的经济增长放缓将可能会影响发展中国家短期的减贫进度以及长期的可持续发展。为了推动包容性增长，应在国家、区域以及全球层面进行更有效的政策协调①。

---

① World Economic Situation and Prospects 2016. http://www.un.org/en/development/desa/policy/wesp/wesp_archive/2016wesp_full_en.pdf, pp. 1-2.

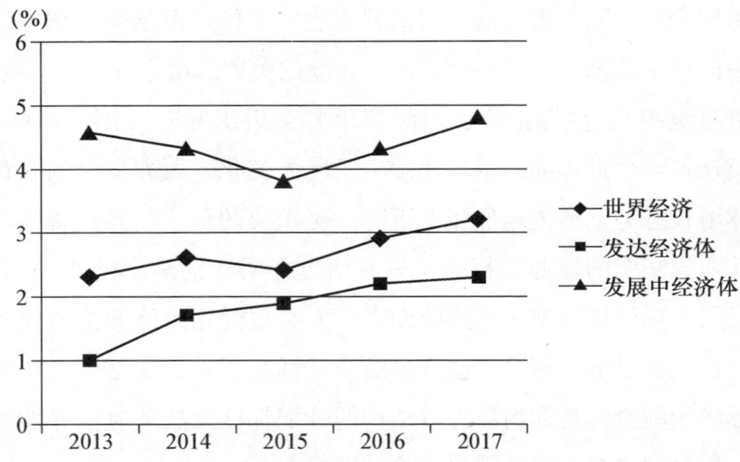

图 7-1 世界经济、发达经济体和发展中经济体增长率趋势（2013—2017 年）

资料来源：World Economic Situation and Prospects 2016. http://www.un.org/en/development/desa/policy/wesp/wesp_archive/2016wesp_full_en.pdf.

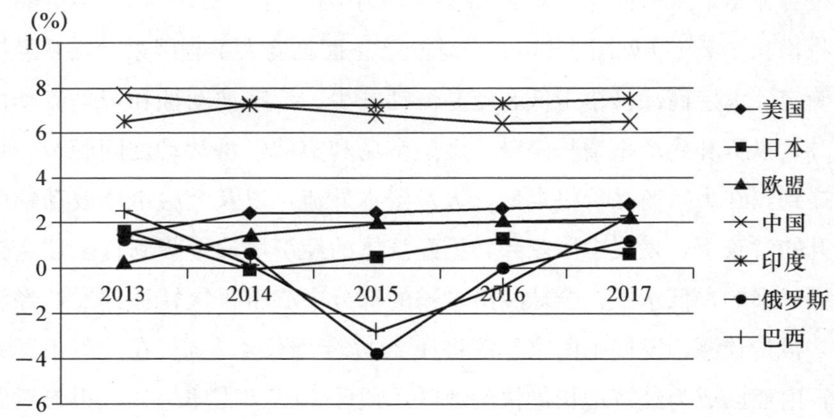

图 7-2 世界主要经济体增长率趋势（2013—2017 年）

资料来源：World Economic Situation and Prospects 2016. http://www.un.org/en/development/desa/policy/wesp/wesp_archive/2016wesp_full_en.pdf.

金融危机后全球经济再平衡是国际社会的普遍共识，其核心应该是发达国家和发展中国家之间的再平衡，即缩小二者的贫富差距。但是，经济复苏乏力无疑阻碍了这一目标的实现，这集中体现在世界贸易组织多哈回合贸易谈判的困境中。全球贸易治理是全球经济治理的重要内容，其治理主体是世界贸易组织。多哈回合贸易谈判是世界贸易组织于2001年11月在卡塔尔首都多哈举行的世界贸易组织第四届部长级会议中开始的新一轮多边贸易谈判。这一回合谈判的首要议题是农业，其目标是给予更多的市场准入，减少出口补贴，降低扰乱市场机制的国内支持，探寻发展中国家的广泛议题，应对诸如食品安全和农村发展等非贸易问题[①]。发展中国家希望发达国家打开农产品市场，降低关税和国内补贴，但发达国家反而要求发展中国家尽量降低关税和补贴，并进一步降低非农产品准入门槛，方便其工业制成品大量进入发展中国家市场。在双方坚持下，谈判原定于2005年1月1日前全面结束，但至2005年底仍然没有达成协议，最终于2006年7月被世界贸易组织总理事会批准正式中止。

荷兰经济政策研究局的数据显示，2015年1月至2016年6月全球贸易量大幅下滑，跌入十年来的低谷，低迷程度超过2008年（见图7-3）。普遍的经济复苏乏力导致全球治理缺乏强有力的全球领导。比如在全球恐怖主义治理中，“伊斯兰国”崛起和扩张的外部原因是伊拉克战争和叙利亚内战导致地区权力真空，美国实施战略收缩，以及大国难以就中东反恐达成共识[②]。这说明在恐怖主义的全球治理上国际社会还缺乏领导者和政策协调，处于各自为政状态。同样的问题也出现在气候变化全球治理中，曾经的领导者欧盟自2008年全球金融危机后就自顾不暇，受制于经济困境，在全球气候谈判中的领导力明显下降，这一点在2009年哥本哈根气候大会上表露无遗。更重要的是，其过于超前的减排目标不接地气，绝大多数国家无法达到，因此从道义上已经失去国际社会的信任，由此导致全球气候谈判群龙无首，各种利益集团也相继发生分裂，彼此重新分化组合。全球治理中领导力的缺乏导致各种力量纷纷崛起，各种利益空前交织，各种矛盾进一步激化，全球性问题乱象频出，全球治理陷入困境。恐怖主义和气候变化分别作为安全和环境领域的两大全球治理

① WTO Website. https://www.wto.org/english/tratop_e/dda_e/update_e.htm.

② 王晋. “伊斯兰国”与恐怖主义的变形. 外交评论，2015（2）：141-143.

议题格外突出。

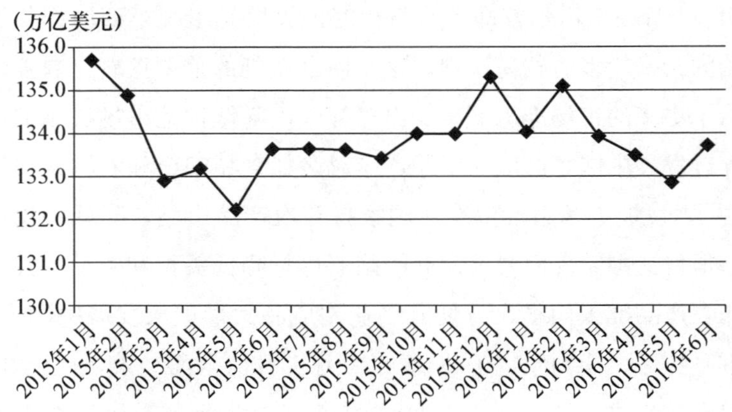

图 7-3 世界贸易总量变化趋势（2015 年 1 月至 2016 年 6 月）

资料来源：荷兰经济政策研究局世界贸易监测统计. http://www.cpb.nl/en/figure/cpb-world-trade-monito-june-2016.

总体来看，冷战后世界恐怖主义增多的原因有以下四点：

第一，霸权主义激化文明冲突。文明必然存在差异，正如布罗代尔所言，各个文明的历史实际是许多世纪不断相互借鉴的历史，尽管每个文明还保留着它们原有的特征。虽然工业文明可能会使人类最终采用相同的技术，但我们在长期内还将面临非常不同的各种文明①。但是，文明差异并不会像亨廷顿认为的那样必然导致文明冲突。对此，卡赞斯坦进行了系统批判，他认为多元性和多维性是对当今文明政治的最好概括，同时，这些多元文明内部和文明之间的关系又被包含在一个比国家范围更大的泛宗教体之中，大部分文明之间的交往是和平的，并以文化借鉴过程为特征②。可是，冷战后美国信奉“历史终结论”，认为其代表的西方自由主义是人类发展的最高模式，于是强行改变不符合其价值观的国家政权，最终激化了非西方文明与西方文明的差异，导致文明的冲突，为恐怖主义提供了思想土壤。

---

① 费尔南·布罗代尔. 文明史. 北京：中信出版社，2014：40.

② 彼得·卡赞斯坦. 世界政治中的文明：多元多维的视角. 上海：上海人民出版社，2012：43.

第二，两极分化培养了潜在信众。多哈回合困境本质上是贫富两极分化问题，其长期存在带来了大量缺乏教育和工作的年轻人。比如也门国内失业率很高，同时出生率也很高，20 岁以下的人超过总人口半数，这无疑是也门继阿富汗之后成为恐怖主义新“乐土”的重要原因之一。更严重的是，这些缺少教育的年轻人难以树立正确的价值观，很容易被恐怖主义思想洗脑，从而成为其潜在的“人力资源”。

第三，武器扩散提供了物质手段。冷战结束后世界大战可能性降低了，但由于苏联和南斯拉夫解体，以及非洲、中东等地长期积累的民族、宗教问题无法解决，加上大国干预，所以地区战争不断，由此带来大量武器扩散。比如美国“9・11”事件后在伊拉克和阿富汗发动的两场战争，目标是打击恐怖主义，但没有及时收缴敌人散落的武器，这些武器最终落入恐怖分子手中，成为恐怖袭击的工具。

第四，网络技术传播了极端思想。互联网是改变人类历史的科技发明，但科技毕竟是死的，其作用取决于使用科技的人。社交网站大大方便了人们的沟通，但如果不加管控就容易被恐怖分子用于传播恐怖思想。恐怖组织“伊斯兰国”就特别善于用互联网包装和传播其思想，通过其网站向全世界招募“志愿者”。结果许多国家精神空虚的年轻人受到这些极端思想蛊惑也被征召，成为其杀人工具。

在这些原因的作用下，不难理解为什么“9・11”事件后大国反恐合作持续了这么久，但恐怖主义却越来越猖獗。自 2015 年以来，仅在法国就接连发生了《查理周刊》事件、歌剧院事件和尼斯惨案三起惨绝人寰的恐怖袭击。欧盟的“心脏”比利时也多次遭受恐怖袭击威胁。英国仅 2017 年上半年就发生了三起恐怖袭击事件。这说明恐怖主义已超越中东，开始向发达国家渗透，逐渐进入常态化的阶段。当代世界治理安全问题的联合国集体安全机制是针对传统安全威胁建立的，在恐怖主义这样的非传统安全威胁上并不适合。美国建立的反恐联盟希望通过以暴制暴打击恐怖主义，事实证明效果并不明显。值得注意的是，《查理周刊》事件后美国总统奥巴马甚至都没有出现在欧盟国家领导人集体声援的队伍中，更不用说美国在中国遭受恐怖袭击时持有双重标准了。也许霸权主义激化的文明冲突才是今天全球恐怖主义泛滥的根本原因，这也为通过全球文明对话应对这一威胁提供了启示。

极端组织“伊斯兰国”利用叙利亚、伊拉克乱局迅速崛起

气候变化是自然环境领域典型的全球性问题，自 20 世纪 80 年代进入国际政治领域以来，就始终受到人类道德与国家权力双重因素的影响。根据联合国气候变化政府间专门委员会（IPCC）的权威报告，气候变化全球治理可以概括为三点：第一，气候变化威胁是真实的，而且是严重的；第二，气候变化的原因是人类使用化石能源排放的二氧化碳；第三，要应对气候变化就必须改变人类现有的生产生活方式，减少化石能源特别是煤炭的使用。但是，对于高度依赖化石能源的国家来说，限制排放就是限制发展，因此气候变化全球治理已经混合了环境和发展议题，需要在国家利益与人类利益之间做出艰难平衡。

当前气候变化全球治理进入《巴黎协定》新阶段，《巴黎协定》的最大成就是改变了《京都议定书》之后国际社会为各方设定减排指标的做法，形成了自下而上的减排模式，即各方根据自身国情自主设定减排指标，定期接受国际社会监督，这充分考虑到气候变化全球治理中国家利益与人类利益的平衡。但是，《巴黎协定》并未完全弥合发达国家和发展中国家因为发展阶段不同而产生的分歧。第一是责任分摊。发达国家愿意应对气候变化，但坚持认为发展中大国应为今天大气中的温室气体浓度负主要责任。而发展中国家认为今天大气中的温室气体浓度是发达工业国自工业革命以来累计排放的结果，发达工业国挤占了今天发展中国家的排放空间。发展中国家今天的主要任务是发展，需要基本的生存排放，所以不应负主要责任。以此为基础，每一个人都享有发展权，所以都有排放权，因此温室气体排放量的计算应该以人均量为依据，而不是总量。按此标准，中国、印度等发展中大国的排放量并不显著。第二是资金和技术转让。发展中国家认为发达国家应该主动向发展中国家转让低碳技术和资金，以帮助它们加强延缓和适应气候变化的能力。发达国家则以知识产权为借口拒绝转让核心技术，对于资金转让也始终表示承诺，但至今仍未履行。第三是现有气候变化全球治理机制的存废。发达国家，特别是美国始终认为双轨制的全球气候谈判机制效率低下，特别是包含了“共同但有区别的责任原则”，在制度上维护了发展中国家利益，不利于发达国家，所以始终坚持另起炉灶，这差点导致了《联合国气候变化框架公约》在 2012 年的多哈气候大会上瓦解。相反，中国、印度等发展中大国坚决维护现有谈判机制，特别是“共同但有区别的责任原则”，认为这是在发达国家和发展中国家间维持减排责任公正性的基础，绝对不能动摇。这些分歧都将使《巴黎协定》的真正落实具有不确定性。

贸易谈判、恐怖主义、气候变化分别是经济、安全和环境领域中典型的全球治理议题，从它们的困境中可以窥见，尽管全球治理的概念已在理论界流行，但实践中的全球治理却困难重重。全球治理需要真正的全球视野、全球胸怀和全球责任，中国的和平发展正符合这些时代召唤，将为全球治理注入新活力。

第二节　中国从全球治理参与者走向引领者

著名历史学家章百家等人认为，新中国外交追求的目标是实现国家现代化，恢复中国的大国地位，完成国家统一和实行社会变革[①]。十八大以来，中国外交的目标又增添了一项新内容，就是积极参与和引领全球治理，为应对日益增多的全球性问题贡献中国力量和智慧。自1978年改革开放后，中国便积极融入国际社会，已经为应对各种国际热点问题做出了不小的贡献。但是，全球治理是伴随21世纪以来全球性问题突出而来的新现象。随着中国国力不断上升，要想成为真正的负责任大国，中国就必须将关涉全人类利益的全球性问题纳入自身外交的总体布局，并从解决问题的规则追随者变成规则制定者。

十八大以来，中国最高决策者多次明确表达了中国要更加积极参与甚至引领全球治理的决心。十八大报告指出："中国将坚持把中国人民利益同各国人民共同利益结合起来，以更加积极的姿态参与国际事务，发挥负责任大国作用，共同应对全球性挑战。……中国坚持权利和义务相平衡，积极参与全球经济治理，推动贸易和投资自由化便利化，反对各种形式的保护主义。"

习近平总书记在2014年11月召开的中央外事工作会议上指出，要切实推进多边外交，推动国际体系和全球治理改革，增加我国和广大发展中国家的代表性和话语权[②]。2015年10月，中央政治局集体学习全球治理问题，习近平指出：随着全球性挑战增多，加强全球治理、推进全球治理体制变革已是大势所趋。这不仅事关应对各种全球性挑战，而且事关给国际秩序和国际体系定规则、定方向；不仅事关对发展制高点的争夺，而且事关各国在国际秩序和国际体系长远制度性安排中的地位和作用。要推动变革全球治理体制中不公正不合理的安排，推动国际货币基金组织、世界银行等国际经济金融组织切实反映国际格局的变化，特别是要增加新兴市场国家和发展中国家的代表性和发言权，推动各国在国际经济合作中权利平等、机会平等、规则平等，推进全球治理规则民主化、法治化，努力使全球治理体制更加平衡地反映大多数国家意愿和

---

① 章百家，玛雅．经天纬地大文章——新中国六十年外交的战略考量．人民日报（海外版），2011-08-19.

② 中央外事工作会议在京举行．人民日报，2014-11-30.

利益[①]。

十八届五中全会公报指出：坚持开放发展，必须顺应我国经济深度融入世界经济的趋势，奉行互利共赢的开放战略，发展更高层次的开放型经济，积极参与全球经济治理和公共产品供给，提高我国在全球经济治理中的制度性话语权，构建广泛的利益共同体。积极承担国际责任和义务，积极参与应对全球气候变化谈判，主动参与 2030 年可持续发展议程。[②]

十八大以来中国如此重视全球治理的原因有三点：一是自身海外利益增多，二是对自身全球大国的定位，三是愿意主动承担国际责任。总体来看，中国参与全球治理的特点表现在：第一，以联合国为全球治理的领导机构；第二，以发展议题为先；第三，以构建全球伙伴关系网络为途径，而非联盟；第四，坚持不干涉内政原则。在中国关于全球治理的诸多倡议中，最核心的是构建人类命运共同体。人类命运共同体是十八大以来中国外交的全新观念，充分说明中国对人的安全的尊重，真正从全球利益而非一己之私思考全球治理，努力实现国家利益与全球利益的平衡，希望与国际社会所有成员同舟共济，对现有国际秩序进行改革而非颠覆，使其更加符合国际权力关系的客观状态，更有能力应对全球性挑战。在人类命运共同体观念引领下，中国希望站在全球治理的制高点上，成为全球治理规则的制定者。这首先从提升中国在国际金融组织的话语权开始。

2016 年 1 月 27 日，国际货币基金组织份额改革正式生效，中国份额占比从 3.996％升至 6.394％，排名从第六位跃居第三位，仅次于美国和日本。2016 年 8 月，中国人民银行副行长张涛接替朱民担任国际货币基金组织副总裁，延续了中国在这一重要国际金融机构的高管职位。但是，中国要想从根本上获得全球金融治理规则制定权就必须真正实现人民币的国际化。货币是主权的象征，一国货币成为世界货币意味着对

① 推动全球治理体制更加公正更加合理　为我国发展和世界和平创造有利条件. 人民日报，2015-10-14.

② 十八届五中全会在京举行. 人民日报，2015-10-30.

国际金融规则的制定权。美国霸权的重要支撑之一就是美元霸权，因为全世界都生产产品换取美元，而美国只需要生产美元。所以美国的货币政策就是世界的货币政策，美元的涨跌直接关系到以美元计价的大宗商品价格，由此对世界市场造成深远影响。中国希望掌握全球金融治理的规则制定权，就必须提升人民币的国际化水平，但在此过程中与美元并非相互替代的关系，而是多元共生。

人民币进入特别提款权（SDR）货币篮子是SDR第一次增加发展中国家货币，这是国际货币体系发展史上的一个里程碑。伦敦商学院教授威廉·伯格表示："人民币纳入SDR货币篮子绝不仅仅是中国的需要，国际货币基金组织改革的推进同样需要人民币这一'血液'的注入。"SDR由国际货币基金组织创立于1969年，它是国际货币基金组织成员对可自由使用货币配额的潜在债权，可用于偿还国际货币基金组织债务、弥补成员国政府之间国际收支逆差的一种账面资产。作为一种国际储备货币，SDR被称为"纸黄金"。中国人民大学国际货币研究所研究员张超表示："在国际货币体系的旧格局下，虚拟经济与实体经济严重背离，财富创造中心与财富分配中心严重背离。人民币加入SDR货币篮子对于改革世界货币体系将产生积极作用，自国际货币基金组织份额调整后，我们再次看到了国际货币体系改革的实质性步伐。人民币加入货币篮子扩大了SDR的代表性，拓展其使用范围，进而与人民币国际化形成了良性互动。更重要的是，通过SDR货币篮子的调整，出现了全球财富创造中心与财富分配中心同向发展的趋势，为后续深化国际货币体系改革提供了基础性支持。"①

除提升在国际金融组织的份额和人民币国际化水平外，中国还在另一重要的全球金融治理领域积极提升话语权，那就是全球保险市场监管的治理。2008年全球金融危机爆发后，中国偿付能力监管制度体系已经不适应新形势的需要，亟待改革。2012年中国保监会启动"中国风险导向偿付能力体系"（简称"偿二代"）建设，2015年2月13日研制完成

---

① 付碧莲. 人民币"入篮"SDR. 国际金融报，2015-12-07.

并发布了“偿二代”全部主干技术标准共 17 项监管规则，建成了具有中国特色和国际可比性的新一代保险业偿付能力监管体系，为参与国际金融监管规则特别是保险监管规则制定提供了有力抓手。“偿二代”建设为我国在国际金融监管规则制定方面提升话语权奠定了基础。国际保险监督官协会高度重视中国“偿二代”的新兴市场经验，借鉴“偿二代”经验提升国际保险监管规则的包容性和代表性。2015 年 6 月，国际保险监督官协会派出资本规则负责人专程到北京考察“偿二代”。在全球保险资本标准（ICS）中，增加中国作为单独分组，设定专门的风险因子，不再与其他发展中市场混用最高因子，在国际保险监管规则中首次明确体现中国标准①。

中国逐渐提升在全球金融治理领域的规则制定权，不仅有利于自身金融体系不断完善，也将为全球金融体系改革带来新动力。同时，中国还在区域性公共产品供给方面频繁出手，希望通过制度性力量助推自己成为全球治理的引领者。

公共产品的特点是消费的非竞争性、非排他性和非分割性。非竞争性是指公共产品的消费不会引起商品短缺；非排他性是指一部分人对公共产品的消费不会排斥其他人的消费；非分割性是指公共产品不能分割开来，只能统一提供和消费。典型的公共产品是海上的灯塔。国内社会的公共产品由政府提供，但国际社会是无政府状态，所以公共产品往往由实力最强的国家提供，包括稳定的国际金融体系、开放的国际贸易体系、健全的国际安全体系，该国也因此成为经济危机中的最后销售市场和最后借款人，从而避免危机恶化。

今天的中国已经成为世界第二大经济体，有能力也有意愿承担公共产品供给，这也是中国引领全球治理的重要途径和标志。但中国毕竟是发展中国家，还没有能力提供全球性公共产品，因此周边区域性公共产品的供给就成为中国引领全球治理的第一步。十八大以来，中国提出了“丝绸之路经济带”、“21 世纪海上丝绸之路”、亚投行、丝路基金、中印

① 陈文辉. 建设自主监管规则 参与全球金融治理. 人民日报，2016-02-03.

孟缅经济走廊等一系列周边经济倡议，目的就是要在经济实力增长的背景下为周边国家发展提供更多发展型公共产品，以自身发展带动周边国家和地区发展。具体来看，“一路一带”倡议的基本思路是，以中国高铁优势搭建基础设施平台，通过中央政府建立合作框架，以地方政府和企业为主体，以产业和项目为着力点，一方面形成跨境区域合作集成效应，即集中区域内特色资源快速发展；另一方面发挥过境通道的连接作用，承东启西，实现亚洲东西部联动发展。

亚投行是中国周边公共产品供给的重要制度创新，这首先体现在其精简、廉洁、绿色的三个目标上。精简，即亚投行拥有一支规模小但效率高的管理团队。廉洁，即亚投行对贪污行为采取零容忍态度。绿色，即亚投行的建立和运行都基于对环保的尊重。在此基础上，亚投行的政策重点包括能源和电力、交通和通信、农村基础设施和农业发展、水供应和卫生系统、环境保护、城市发展和物流等。亚投行的另一项重要制度创新是，无论是在内部股权分配上还是在投资项目选择上，亚投行都充分考虑发展中国家共同发展的需要，切实让发展中国家，特别是最不发达国家人民从亚投行资金中得到实实在在的好处。正如金立群所言：“亚投行是第一个由发展中国家主导筹建的多边开发性金融机构，其75%的股权由亚洲区域内成员主要是亚洲发展中国家与新兴经济体持有。这将有力提升这些经济体在全球经济金融治理中的代表性和发言权，促进国际经济合作权利平等、机会平等、规则平等，是对世界经济金融治理体系和机制的有益补充。亚投行在筹建过程中充分考虑了小型经济体的实力和基础设施投融资需求，借鉴现有多边金融机构好的做法，在股权、投票权、资本金缴纳币种等方面做出了有利于小型经济体平等协商、充分参与的灵活安排。根据以GDP为基本依据的股权分配模式，中国是亚投行的最大股东。但中国政府一再强调，无论在亚投行的筹建还是在将来的决策、管理运营阶段，都将一以贯之地坚持‘共商共建共享’的原则，中国绝非一家独大，亚投行始终是所有成员共同拥有的多边发展银行。”①

---

① 金立群．亚投行：国际经济金融合作发展“推进器”．人民日报，2016-01-05．

简言之，亚投行绝不是中国的“自留地”，只服务中国利益，传播中国模式，扩大中国影响；相反，亚投行从设立伊始就坚持包容、开放的原则，既植入中国发展的有益经验，又充分借鉴世界上现有重要金融机构的治理和发展经验，兼容并蓄地不断完善自身内部结构，并主动接受各方监督，其目标是成为集各方所长的现代开发性金融机构。亚投行与世界银行和亚洲开发银行之间也是互补而非竞争关系，主要是弥补后两者在发展领域资金供给不足的问题，希望形成共同助推全球发展的合力。总之，亚投行虽然主要服务亚洲，但成员遍及世界，实际是中国走向全球治理引领者的重要制度创新。以此为开端，中国将在更多全球治理领域进行公共产品供给，为应对诸多全球性问题贡献智慧。

第三节　推动解决全球问题

中国要从全球治理的参与者成为全球治理的引领者，就必须以身作则，在诸多全球性问题的解决中做出贡献。

在全球经济持续下行、复苏乏力的背景下，激活全球金融市场活力并维持稳定无疑是当前全球治理的首要议题，二十国集团作为新兴全球经济治理平台责无旁贷。中国是 2016 年二十国集团峰会主办方，会前就始终积极与各方协调，为全球金融治理献计献策，包括扩大 SDR 使用，积极推动 SDR 债券市场的培育和发展，加强全球金融安全网，以及在加强集体行动条款方面发挥表率作用[①]。

二十国集团杭州峰会是中国推动全球治理改革的一个重要契机。与本次会议“构建创新、活力、联动、包容的世界经济”的主题相契合，与会各方通过的《二十国集团落实 2030 年可持续发展议程行动计划》

① 二十国集团完善国际金融架构的中国方案.（2016－08－17）. http://news.xinhuanet.com/fortune/2016-08/17/c_129237111.htm.

《二十国集团支持非洲和最不发达国家工业化倡议》和《全球基础设施互联互通联盟倡议》三份文件格外显眼，突出了中国主办本次峰会的特色。在气候变化威胁日益严重的背景下，将环境与发展议题紧密结合是全球治理的必然选择。《二十国集团落实 2030 年可持续发展议程行动计划》体现的就是中国积极倡导的绿色发展理念，希望实现环境与发展之间更好的包容与联动关系，并通过技术和制度创新为可持续发展提供活力。中国是世界上最大的发展中国家，本次会议也是发展中国家参加最多的一次二十国集团峰会。《二十国集团支持非洲和最不发达国家工业化倡议》表达的正是各方对全球发展问题的关注，让峰会显得更接地气。二十国集团作为当今世界新兴的重要全球经济治理平台，不能只关心“高大上”的议题，还必须实实在在地为缩小发展鸿沟做出贡献。中国以自己的发展成就和经验推动本次峰会关注发展议题，体现了全球治理中中国外交的亲、诚、惠、容理念。互联互通是中国对外战略的一大创新，首先基于中国强大的交通基础设施建设能力，之后扩展到金融、物流、人文、信息、规则等多个领域。最先是在“一带一路”倡议中实践，杭州峰会通过的《全球基础设施互联互通联盟倡议》表明中国明确将这一理念用于全球治理中，希望打通全球市场、交通、规则等障碍，真正疏通全球经济脉络，由此实现全球性的联动发展。总之，二十国集团杭州峰会是中国步入全球治理核心的标志性事件，其系列成果也彰显出中国为推动全球治理改革和有效性做出的巨大努力。

气候变化是典型的全球性问题，2015 年底在法国巴黎召开的《联合国气候变化框架公约》第 21 次缔约方大会是关系未来全球气候治理机制建设的一次重要会议，中国国家主席习近平在大会开幕式上的讲话中指出，“巴黎协议不是终点，而是新的起点。作为全球治理的一个重要领域，应对气候变化的全球努力是一面镜子，给我们思考和探索未来全球治理模式、推动建设人类命运共同体带来宝贵启示。我们应该创造一个各尽所能、合作共赢的未来，一个奉行法治、公平正义的未来，一个包容互鉴、共同发展的未来”[①]。这是中国关于公平合理的全球气候治理机制的基本思路，表明中国以人类命运共同体观念为引领，希望真正以全球意识而非一己之私推动国际社会应对气候变化挑战。在巴黎气候大会期间，中国不断穿梭于发展中国家和发达国家集团之间，努力弥合各方分歧，为《巴黎协定》的最终达成做出了重要贡献。这一协定的最大成就是形成了自下而上的减排模式，充分尊重了不同国家的不同国情，同时也兼顾了国际社会的监督作用，是对“共同但有区别的责任原则”的坚持，维护了现有全球气候治理机制的基本框架。

2015 年 12 月 12 日，在法国首都巴黎，联合国 195 个成员国共同通过了《巴黎协定》

不仅如此，中国还努力通过双边气候合作与全球气候治理实现互补。2014 年 11 月到 2016 年 4 月，中国与美国发布了三份气候变化联合声明，不仅首次公布了计划 2030 年左右二氧化碳排放达到峰值且将努力早日达到峰值的目标[②]，还表示与美国一起鼓励《联合国气候变化框架公约》其他缔约方采取同样行动，以使《巴黎协定》尽早生效。两国元首进一步承诺，将共同并与其他各方一道推动《巴黎协定》的全面实

① 习近平. 携手构建合作共赢、公平合理的气候变化治理机制——在气候变化巴黎大会开幕式上的讲话. 人民日报，2015-12-01.

② 中美气候变化联合声明. 新华网，2014-11-12.

施，与其他国家一道努力在相关多边场合取得积极成果，包括《蒙特利尔议定书》下符合“迪拜路径规划”的氢氟碳化物修正案和国际民航组织大会应对国际航空温室气体排放的全球市场措施。为加快清洁能源创新和应用，双方将共同努力落实巴黎气候大会上宣布的“创新使命”倡议各项目标，并推进清洁能源部长级会议工作①。中国和美国分别是世界第二和第一大经济体，以及第一和第二大温室气体排放国，彼此加强气候合作是以发展中国家和发达国家共同领导全球气候治理替代欧盟单一发达经济体的领导，这样更具有代表性，在目标设定上也更接地气，从而避免欧盟过于超前的减排目标给全球气候治理带来的障碍。因此，加强中美气候合作是中国在双边层面引领全球气候治理的重要创新。不过，2017 年 6 月特朗普宣布退出《巴黎协定》，这使全球气候治理蒙上阴影。

气候变化问题与全球能源安全治理密切相关。要真正解决气候变化问题，归根到底就必须实现能源体系转型，大力发展新能源，提升传统能源能效和降低排放，在此方面中国积极参与国际合作，从全球能源治理的边缘走向中心。2015 年 5 月，中国正式成为《国际能源宪章宣言》签约观察员国。2015 年 11 月，中国、印度尼西亚、泰国与国际能源署（IEA）共同发布关于启动联盟的联合部长宣言，从而正式与国际能源署建立联盟关系，在能源安全、能源数据和统计、能源政策分析等领域加强合作。2015 年，亚太经合组织能源合作在华实体启动运行，完成亚太经合组织可持续能源中心建章立制工作，并将“亚太可持续城市网络”和“洁净煤技术转移”确立为中心的两项支柱性工作②。

2016 年 4 月，国际能源署宣布与中国国家能源局在中国筹建IEA－中国能源合作中心（ IEA-China Energy Co-operation Centre），该中心是国际能源署成立 41 年来第一次在海外设立的合作中心。2017 年秋季国际能源署将发布关于中国能源转型的调研报告，全面展现中国能源转型的成果以及其中遇到的困难。

---

① 中美元首气候变化联合声明. 人民日报，2016-04-02.

② 国际合作开放开发——国家能源工作 2015 年终专稿之六.（2016-01-27）. http://www.nea.gov.cn/2016-01/27/c_135050002.htm.

展望未来，中国可以将全球金融治理与全球气候治理结合起来。值得注意的是，中国利用二十国集团杭州峰会提出了绿色金融的倡议。中国人民银行和英格兰银行共同主持了二十国集团绿色金融研究小组。该研究小组的主要任务是识别绿色金融发展所面临的体制和市场障碍，并在总结各国经验的基础上，提出可提升金融体系、动员私人部门绿色投资能力的可选措施。研究小组 2016 年的研究工作重点是五个问题，包括银行业、债券市场、机构投资者这三个专门领域，以及风险分析和指标体系这两个跨领域问题①。这一举措对结合全球金融治理与全球气候治理进行了尝试。除二十国集团以外，中国还可以利用金砖银行、亚投行等新兴金融机构，将资金更多地投到新能源科技创新领域，比如在大学和科研机构设立奖学金、创业基金等。运用硅谷思维，让资本与技术紧密结合，助推技术精英开发最前沿的新能源技术并尽快产业化，为应对气候变化和全球能源体系转型提供制度支撑。

气候变化与能源安全问题和另一重要的全球性挑战密切相关，那就是粮食安全。正如联合国粮农组织驻中国、朝鲜及蒙古代表伯希·米西卡所言，气候变化会对粮食生产模式和农业贸易产生很大影响，从而对全球粮食安全和可持续造成很大挑战。其实，这就是世界贸易组织所提的"气候第一、贸易第二"的原则，该原则已经为各国所广泛接受。在他看来，中国"一带一路"倡议一方面能提升国际合作，另一方面会加强团结，加强伙伴关系，并且提升贸易水平，因此能够帮助粮农组织实现粮食领域的双赢②。

中国是人口大国和农业大国，做好自身粮食安全就是对世界粮食安全的巨大贡献。同时，中国还为全球粮食安全治理贡献力量。粮食问题的焦点是南方国家，只有不断提升南方国家粮食自给自足能力，才能从根本上解决粮食危机。为此，2015 年 6 月 7 日，中国与联合国粮农组织

① 二十国集团框架下发展绿色金融的中国倡议．(2016-08-22). http://news.xinhuanet.com/fortune/2016-08/22/c_129248244.htm.

② 马玉荣，李大巍，王艺璇．粮食安全的全球治理——访联合国粮农组织驻中国、朝鲜及蒙古国代表伯希·米西卡．中国经济报告，2015 (12)：32-33.

签署中国向“粮农组织—中国南南合作信托基金”提供 5 000 万美元资金的协定，旨在支持发展中国家建设可持续的粮食系统和具有包容性的农业价值链。联合国粮农组织表示，中国提供的最新资金将在未来五年用于支持中国农业专家与全球南方国家开展交流，特别是在中亚、太平洋岛屿、非洲和拉丁美洲的低收入缺粮地区。联合国粮农组织总干事若泽·格拉济亚诺·达席尔瓦在当天举行的签字仪式上说：“中国在减少饥饿方面取得了巨大成就，而且利用本国经验帮助其他国家朝着同一个方向努力。”① 另外，针对厄尔尼诺现象加剧非洲粮食危机的困境，中国政府积极落实习近平主席在 2015 年 12 月中非合作论坛约翰内斯堡峰会上宣布的中方向非洲受灾国家提供 10 亿元人民币紧急粮食援助的承诺。这些都是中国为全球粮食安全治理做出的实实在在的贡献。

南方国家粮食危机本质是贫困问题的写照，这又衍生出两个日益严重的全球性问题：全球性传染病和恐怖主义。2014 年 2 月，西非爆发严重的埃博拉病毒疫情，并且迅速传播。发病地区经济落后，医疗设施无法及时应对，可能造成更大范围的疫情扩散，演变成全球性传染病危机。对此，中国政府迅速做出回应，紧急人道主义援助几内亚、利比里亚、塞拉利昂三国总计价值 3 000 万元人民币物资的飞机于 2014 年 8 月相继抵达目的地。这是中国政府在疫情发生后专门向有关西非国家提供的第二批应对埃博拉疫情的紧急援助。2014 年 5 月，中国政府就曾向几内亚、利比里亚、塞拉利昂、几内亚比绍四国各提供价值 100 万元人民币的防控救治物资，并于第一时间投入防疫救治现场。世界卫生组织宣布埃博拉疫情构成“国际关注的突发公共卫生事件”后，中国对西非三国的援助随即升级，在运送物资的同时，派出公共卫生专家组启程前往疫区，他们和坚守在当地的中国医疗队员一起，携手与非洲民众抗击埃博拉疫情②。

---

① 王星桥，葛晨. 中国与联合国粮农组织签署“南南合作”新协定 .（2015－06－08）. http://news. xinhuanet. com/2015－06/08/c_1115545138. htm.

② 刘欢. 中国援助西非抗击埃博拉疫情显大国责任.（2014－08－12）. http://news. xinhuanet. com/world/2014－08/12/c_1112046154. htm.

贫困导致疾病，疾病带来绝望，绝望导致精神空虚，于是恐怖思想就像人类精神层面的传染病一样乘虚而入，恐怖主义由此扩散开来。中国反对一切形式的恐怖主义，但坚决反对反恐的双重标准，主张标本兼治，消除恐怖主义产生的根源。中国政府视恐怖主义为国际社会当前“最严峻和急迫的安全挑战”，并正按照自己的方式反恐，比如帮助伊拉克等前线国家提高反恐能力，与一些国家在反恐情报交流、切断恐怖融资渠道和恐怖分子跨境流动方面开展合作①。中国还开展反恐中的人道主义援助，比如 2016 年 8 月中国军方帮助叙利亚培训医疗护理人员②。在“一带一路”倡议中，中国不仅着眼于产能合作，同样采取多种手段打击恐怖主义，确保经济合作真正惠及人民。尽管上合组织逐渐提升经济社会合作水平，但安全合作始终是其优先合作内容。习近平主席在参加 2016 年上合组织成员国元首理事会第十六次会议时就表示，上合组织要“坚持安全为先，巩固本组织发展之基。‘利莫大于治，害莫大于乱。’维护地区安全稳定是上海合作组织合作的优先方向。当前，国际恐怖主义威胁日趋常态化，宗教极端思想借助网络手段加速蔓延，建议加紧商签《上海合作组织反极端主义公约》，完善上海合作组织合作法律基础”③。

信息化时代反恐的重要手段是网络安全治理。中国是网络大国，网络经济方兴未艾，但网络的规范化问题也日益严峻。从北非、中东剧变到“伊斯兰国”崛起，无不是利用网络手段传播邪说，收买人心。可以说当前全球恐怖主义已经进入网络时代，没有安全的网络空间就无法根除恐怖主义。为此，中国政府积极参与和领导全球网络安全治理。2014 年主办首届世界互联网大会。2015 年第二届互联网大会上发布的《乌镇倡议》提出，要“尊重网络空间国家主权，保护网络空间及关键信息基

① 王毅接受路透社专访谈叙利亚和半岛核问题.（2016－02－13）. http://www.fmprc.gov.cn/web/wjbzhd/t1340285.shtml.

② 2016 年 8 月国防部例行记者会文字实录.（2016－08－25）. http://www.mod.gov.cn/topnews/2016-08/25/content_4719792_4.htm.

③ 习近平. 弘扬上海精神　巩固团结互信　全面深化上海合作组织合作——在上海合作组织成员国元首理事会第十六次会议上的讲话. 人民日报，2016－06－24.

础设施免受威胁、干扰、攻击和破坏，保护个人隐私和知识产权，共同打击网络犯罪和恐怖活动”。

2015年1月，中国、哈萨克斯坦、吉尔吉斯斯坦、俄罗斯、塔吉克斯坦和乌兹别克斯坦向联合国提交了《信息安全国际行为准则》，指出六国认识到应避免将信息通信技术用于与维护国际稳定和安全的宗旨相悖的目的，从而给各国国内基础设施的完整性带来不利影响，危害各国的安全；强调有必要加强各国的协调和合作打击非法滥用信息技术，并在这方面强调联合国和其他国际及区域组织可以发挥的作用；强调互联网安全性、连续性和稳定性的重要意义，以及保护互联网及其他信息通信技术网络免受威胁与攻击的必要性。重申必须在国家和国际层面就互联网安全问题达成共识并加强合作；重申与互联网有关的公共政策问题的决策权是各国的主权。对于与互联网有关的国际公共政策问题，各国拥有权利并负有责任。所有自愿遵守该准则的国家承诺：不利用信息通信技术和信息通信网络实施有悖于维护国际和平与安全目标的活动；不利用信息通信技术和信息通信网络干涉他国内政，破坏他国政治、经济和社会稳定；合作打击利用信息通信技术和信息通信网络从事犯罪和恐怖活动，或传播宣扬恐怖主义、分裂主义、极端主义以及煽动民族、种族和宗教敌意的行为。①

提交《信息安全国际行为准则》的国家都是上合组织成员国，它们的首要合作任务就是打击“三股势力”，这说明六国已经开始注意将反恐合作和网络安全治理结合起来，并将从整体上提升上合组织安全治理能力，并为国际反恐合作提供经验。

中国是全球治理的后来者，但也是改革者。全球治理包含治理观念、治理主体、治理手段、治理对象和治理效果评估五个方面。全球治理陷入困境是治理观念和治理手段落后、治理主体适应力差、治理对象日益复杂等多种原因导致的。中国虽然是后来者，但基于国力迅速提升

① 信息安全国际行为准则. http://infogate.fmprc.gov.cn/web/ziliao_674904/tytj_674911/zcwj_674915/P020150316571763224632.pdf.

和一流的学习能力，以及不断在国内积累的国家和社会治理经验，再加上新中国外交和中华民族传统外交的丰厚遗产，中国逐渐进入全球治理的中心。改革是当代中国社会的主题，同样也是中国贡献给当代世界的时代主题。以改革的办法不断优化完善现有国际机制，提升新兴国家在其中的话语权，缩小发展中国家与发达国家的经济差距和规则制定权差距，使全球治理在源头上充分反映发展中国家诉求，让发展中国家人民实实在在感受到治理的成果，就是中国国内改革思维对全球治理改革的最大贡献。从应对气候变化到维护全球金融稳定，激活复苏动力，从保证粮食安全供给到抗击全球性传染病和恐怖主义，无不体现出中国这种朴素但真正以人为本的治理思维。未来的中国将更加紧密地统筹国内国际两个大局，以全球治理倒逼国内现代国家治理体系建设，以国内治理的有益经验助推全球治理改革，为中国与世界互动注入新活力。

第 8 章

中国大国外交的再认识

8 中国大国外交的再认识

十八大以来，在以习近平同志为核心的新一届党中央带领下，中国外交领域不断深化改革、锐意进取，进入一个全面发展的新时期。从十八大报告上对中国外交的整体部署，到周边工作会议上对周边外交的重新规划，从中央国家安全委员会对各领域外交的整合统筹，到中央外事工作会议对新时期中国外交框架的总结完善，中国外交工作面貌焕然一新，进入了“奋发有为”的新常态，在首脑外交的引领和带动下，具有中国特色、中国风格、中国气派的国际战略大格局已然成形。

习近平主席以政治家和战略家的开阔视野，观大势、谋大事，亲自运筹外交工作的顶层设计和战略谋划，强调中国外交要牢牢把握坚持和平发展、促进民族复兴这条主线，维护国家主权、安全、发展利益，为和平发展营造更加有利的国际环境，维护和延长我国发展的重要战略机遇期，为实现“两个一百年”奋斗目标、实现中华民族伟大复兴的中国梦提供有力保障①。同时，在新的历史起点上，习近平主席提高了对外交工作的要求，将实现中华民族伟大复兴的中国梦与追求和平与发展的世界梦联通，努力“把世界的机遇转变为中国的机遇，把中国的机遇转变为世界的机遇”，在战略机遇期内涵和条件发生改变的情况下②，审时度势，以更加主动的姿态维护和塑造中国新的战略机遇期，为新时期中国外交指明了发展方向。

十八大以来，中国外交“坚持韬光养晦，积极有所作为”。虽然中国已经成为世界第二大经济体，国人看外部世界的心态和外部世界看中国的视角已发生很大变化，但需要看到的是，中国走和平发展道路的信心和决心没有变，中国对自身处于并将长期处于社会主义初级阶段的基本国情认识没有变，中国对自身作为世界最大发展中国家的国际定位没有变。中国依然秉承着新中国成立以来的外交传统③，大国外交的底色

① 王毅．指导新形势下中国外交的强大思想武器——读《习近平谈治国理政》．人民日报，2015-02-12.

② 王在邦．试论战略机遇期新阶段内涵与条件的变化．现代国际关系，2013（2）：1-6；金灿荣，段皓文．重要战略机遇期的变与不变．光明日报，2013-02-16.

③ 杨洁勉．中国外交理论和战略的建设与创新．上海：上海人民出版社，2015：55-57.

没有变，变化的是新形势和新的历史条件赋予中国外交的新的使命感和大国责任感[1]，变化的是新一代领导人鲜明的个性赋予中国外交的新特点、新风格与新气象。中国以更加开阔的视野运筹国际关系，以更加进取的姿态参与国际事务，更加坚定地捍卫国家主权、维护自身的合法权益，更加自信地向外界提出自己的理念和倡议、阐释自己的发展道路，更加坚定地维护和完善二战后的国际政治经济秩序、履行自己应承担的国际义务，更加积极地为中国拓展经济发展的空间、为中国企业和人员“走出去”提供更有力的保障，更加积极和建设性地参与地区热点问题和全球问题的治理。

第一节　“韬光养晦”再认知

“韬光”最早出现在南朝梁太子萧统所写的《靖节先生集序》中，其中有“圣人韬光，贤人遁世”一句。“养晦”则源于《诗经》中的“遵养时晦”。“韬光养晦”作为一个成语的使用见于清朝末年，晚清实业家、思想家郑观应在其所著的《盛世危言》的“自序”中写道，“自顾年老才庸，粗知易理，亦急拟独善潜修，韬光养晦”。从字面上去理解，韬光养晦是指低调隐忍，收敛光芒，不断完善自我。“韬光养晦”思想既适用于困境或逆境之中，也适用于成功或胜利之时[2]，其精神实质是低调冷静、谦虚谨慎、长期埋头苦干，集中精力发展自己，着眼长远，不断积蓄力量。很多人把“韬光养晦”与“卧薪尝胆”“君子报仇，十年不晚”一类说法相混淆，这纯属误读。

“韬光养晦”成为中国外交的指导思想是在 20 世纪 80 年代末 90 年代初，由于东欧剧变、苏联解体，国际局势发生了急剧的变化，中国外交面临着巨大的压力。在此形势下，邓小平同志有针对性地提出了一系

① 王毅. 发展中的中国和中国外交. 人民论坛，2016 (9)：10-14.

② 杨文昌. 韬光养晦博大精深. 光明日报，2011-11-07.

列指导意见，这些重要思想被概括为28字战略方针："冷静观察、稳住阵脚、沉着应付、善于守拙、决不当头、韬光养晦、有所作为"，"韬光养晦、有所作为"是这一战略方针的简化概括。在这一方针的指导之下，中国成功地顶住了美国和西方制裁的压力以及苏东剧变的巨大冲击，很快站稳了脚跟，稳定了国内局势，在此基础上，中国加速发展，有所作为，逐渐化解了西方的围堵，冲出重围，成为平衡国际战略力量的重要因素，迫使美国和西方国家不得不同中国打交道，中国外交迎来了一个新的局面。"韬光养晦、有所作为"的战略方针背后隐含着三个重要的政策逻辑取向：一是只有把自己的事情办好，才能在国际事务中发挥更好的作用；二是中国外交要立足于为国内发展服务，为发展营造战略机遇期；三是中国外交要明确自身的国际定位，把资源用在关键地方，既有所为也有所不为。"韬光养晦、有所作为"是东方智慧和中国外交实践经验相结合的产物①，是邓小平对外战略思想的重要组成部分，对中国外交具有重要的指导意义和实践价值②，这些原则在整个后冷战时代被中国历届政府传承和坚持。

2008年爆发于美国的全球金融危机具有划时代的意义，它加速了西方世界的整体衰落，也加速了西方中心主义的衰落③，而以中国为代表的新兴大国已成为冷战后改变国际格局的一支决定性力量，给国际体系带来的冲击不言而喻，"亚洲世纪""后美国时代""四百年未有之大变局"等成为西方学者给这个时代的新定义。在美欧深陷危机泥潭、"华盛顿共识"饱受质疑时，中国经济一枝独秀，发展势头迅猛；在美国为两场战争如何收场而进退两难时，北京奥运会、上海世博会的成功举办使中国一次次成为举世瞩目的焦点。中国与世界的新现实使得国际国内的心态都在发生微妙的变化。国内民众看待中国与世界的心态开始变得

---

① 袁南生. 国家越强大越要韬光养晦——从中国千年外交谈起. 同舟共进，2016（6）：22-25.

② 宫力. 邓小平与韬光养晦、有所作为的战略方针. 中共中央党校学报，2014（4）：18-22.

③ 金灿荣，刘世强. 告别西方中心主义——对当前国际格局及其走向的反思. 国际观察，2010（2）：1-11.

比较纠结：一部分人的自信心开始膨胀，认为中国是时候抛弃“韬光养晦”，寻求全球超级大国地位，大胆对世界说“不”，特别是当中国海外利益受损的时候，应该坚定地予以回击；而多数人则认为中国仍然落后，发展很不平衡，将经济成果转换为民众福利还有很长的路要走，因而在外交上需要继续忍耐低调，延续“韬光养晦”的战略①。外部世界对中国的心态同样复杂：一方面，他们对中国的发展奇迹感到惊讶，对中国承担责任的期待明显增多，认为中国的“韬光养晦”是“搭便车主义”，并借此炒作“中国责任论”；另一方面，他们又对中国的巨大成就和文化特质感到恐惧，对中国的未来走向充满不确定感，部分西方媒体借春秋时期越王勾践的故事阐释中国的“韬光养晦”战略，将其歪曲理解为“君子报仇，十年不晚”，炒作新版“中国威胁论”。可以说，对“韬光养晦、有所作为”方针的不同认知和理解已经成为“面对中国崛起中外民众心态复杂化”的集中体现。

面对中国崛起，中外战略界对中国的定位的差距也非常明显。中国的自我定位是：大国中唯一坚持走社会主义道路的国家；面临繁重发展任务的发展中国家；具有一定全球影响力的亚洲地区大国。在国际力量对比发生变化的背景下，中国延续了韬光养晦的政策逻辑，尤其强调自己的发展中国家身份，强调继续埋头干好自己的事情。与之相比，外部世界对中国的定位则有所不同。尽管他们各自在表述上有所差异，但共同的特点都是质疑中国的发展中国家身份，认为中国在很多方面已然是发达国家，甚至是世界第二强国、准超级大国，比如 G2、“中美国”等概念不断被制造出来，就是要对中国的国家身份进行重新定位。他们认为，伴随着国家实力的大幅提高，中国必须在全球经济平衡、维持地区稳定、防止核扩散等一系列问题上承担责任。按照这些西方学者的说法，中国希望能够继续保留发展中国家的身份是为了逃避承担更大的责任。可是，外部世界很少思考另一个问题，即责任增加也意味着权力上升。他们天然地认为中国应该承

---

① 王缉思. 中国的国际定位问题与“韬光养晦、有所作为”的战略思想. 国际问题研究，2011 (2)：4-9.

担责任，但又不愿意接受由此带来的权力变化。因此，一旦中国因承担一定责任而地位上升和表现自信，他们就很不舒服，大谈中国“傲慢”。这就不可避免地加大了中国进行政策协调的难度，影响到中外关系的良性互动，进而导致中国外部环境的复杂化。新的国际形势和新的历史背景给中国坚持“韬光养晦”的外交战略提出了新的挑战，外交领域对此争论较多[①]。不少人认为，“韬光养晦”已经不再适应中国对外关系发展的总体需求，到了需要调整的时候，主要原因有两个方面：一方面，经过30多年的发展，中国已成为世界第二大经济体和拥有全球影响力的大国，有雄厚的实力做支撑，在面对一些国家的挑衅和处理敏感热点问题时，应该以更强硬的姿态与对手抗衡，应该以更积极的姿态参与到热点问题的治理中，“韬光养晦”不利于中国进一步提升国际地位、树立大国形象。另一方面，中国“韬光养晦”的条件已经丧失，相关国家早已对中国崛起产生恐惧和防范，不会再继续“沉默”，而是千方百计地给中国制造麻烦，挑起事端，甚至会拿中国的核心利益做文章，阻碍中国崛起步伐。“韬光养晦”战略已无法规避中美之间的战略对抗，中国必须放弃幻想，直面冲突，敢于亮剑。这些说法或将“韬光养晦”和“有所作为”刻意割裂开来，或是在外部环境变化之下“随风起舞”，是另一种不自信、缺乏战略定力的表现。

新时期中国应该如何定位自己的国际角色？这要求中国更加理性而客观地看待自己，看待当前及未来十年发展所面临的挑战与机遇。当前，中国正处于工业化中期这一历史进程中，继续推进现代化建设仍是中国压倒性的战略任务。由于中国的劳动力供给在相当长时期内仍然充足，中国不仅有可能而且必须保持经济的高速增长。随着创新型国家战略的实施，战略性产业将得到大力扶持，中国的科技实力和自主创新能力将会有实质性提升。这不仅有利于大幅提高中国经济的内涵和质量，而且将从根本上改变中国长期处于国际产业链条低端，只能提供简单加

---

① 阎学通．从韬光养晦到奋发有为．国际政治科学，2014（4）：1-35；专家激辩“韬光养晦”：和平崛起不排除武力反击侵犯．（2011-12-17）．http://china.huanqiu.com/roll/2011-12/2273974.html.

工和贴牌生产的格局，进而建立起中国在世界资源配置和分工体系中的优势地位。因此，未来一段时间既是中国经济转型的“攻坚期”，也是中国进一步提升和发展经济实力的“战略机遇期”，中国外交需要为这一战略任务保驾护航。在军事层面，中国面临着复杂、多元的安全威胁，尽管近年来两岸关系有所缓和，但台湾问题在相当长时期内仍然存在，随着岛内政治生态的演变和外部势力的持续干预，台湾问题激化、异变的可能性在不断增大；而国内的“三股势力”正处于猖獗活跃期，构成对国家安全和领土完整的重大威胁；在传统大国对华军事防范力度持续增加的同时，非传统安全威胁也显著上升。上述复杂的安全挑战一方面决定着未来十年仍是中国国防现代化的快速增长期，需要大力推进自身的军事能力建设；另一方面也反映了中国崛起所面临的安全环境的脆弱性，在安全上，中国需要在“内外兼顾”时遵循“先内后外”原则，首先着力解决好台湾问题等内部问题，这和“韬光养晦”的基本逻辑是一致的。中国所开启的人类史无前例的工业化进程，不仅实现了经济持续的高速增长和社会生活的根本性改观，而且为整个世界带来了机遇和福祉，而这一切是在超短时期且没有向国外输出战争和转移矛盾的前提下实现的，是依靠“韬光养晦、有所作为”的战略方针实现的。中国发展所遵循的基本经验、政策思路为后发国家确定国内优先议程以及处理外部经验和本土关怀的关系提供了重要启示，在回应如战争与和平、文明冲突、环境保护等当今世界面临的根本性挑战方面也具有独特的影响力。从这个意义上讲，“韬光养晦”是中国模式的重要组成部分，需要进一步完善和坚持。

在相当长时期内，中国仍将是一个具有双重特性的国家，既将自己定位为发展中国家，又在具体事务中与发达国家拥有广泛的共同利益；既经历着经济的高速增长和物质财富的迅速积累，又面临着前所未有的内部挑战和国际风险；既需要回应民众对公正和平等的基本诉求，建立更加和谐的国内社会，又需要消除外部社会对中国的战略疑虑，维持和平稳定的国际环境。这就决定了中国外交也具有复杂的两面性，决定了“韬光养晦”和“有所作为”仍将是中国外交的底色，是统一中国双重特性的有效工具，继续发挥着独特的作用。

当今，中国正在走向世界舞台的中心，从“群众演员”发展为“配角”“最佳配角”，然后是“主角”，未来很可能是“核心主角”。成熟的大国是理性的，会坚持自己的原则，不会随波逐流，懂得“知己”才能更好地“知彼”。目前，中国的国民心态处在一个调整适应期，更好地理解“韬光养晦、有所作为”的外交战略对于我们塑造大国心态具有重要指导作用。一方面，坚持“韬光养晦”意在保持忧患意识、风险意识和挑战意识。越是成熟理性的大国越懂得谦虚谨慎的重要性，越能够认识到自身的不足和缺陷，改进和完善自我，它既不会被捧杀，也不会被棒杀。另一方面，坚持“韬光养晦”意在保持一以贯之的外交品格和独立自主的大国外交底色。中国旗帜鲜明地反对一切形式的霸权主义、扩张主义，愿意在和平共处五项原则的基础上同所有国家发展友好关系。中国坚定不移地走和平发展道路、走中国特色社会主义大国外交之路，既不因国力强盛而欺凌小国，也不因顺应潮流而随波逐流，而是保持自己独立的声音、鲜明的特色、正确的定位。

新时期坚持“韬光养晦、有所作为”的外交战略可以使我们更好地平衡四组关系。一是平衡内外事务的关系。大国责任包含国际责任和国内责任两个方面，顾此失彼最终将会此彼皆失。与外部事务相比，人们总是更关心自己身边的事情、自己切身的利益。住房、就业、医疗、反腐败等民生话题，国内社会、经济领域的发展，以及公平、正义等问题，更容易引起普通民众的注意。持有“中国自己还很穷却在国际上出手阔绰”“帮别人还不如帮自己”这样一些认识的人还不在少数，他们对中国在国际上慷慨解囊的行为还不能充分理解，对国际上需要中国主动积极介入的事务还缺乏理性的认识。所以，协调好国内与国际的微妙关系，培养民众的国际视野，加深其对海外利益的理解，赢得广泛支持，对中国来说显得尤为重要，它会为中国履行国际责任、体现负责任形象提供源源不断的动力。二是平衡与发展中国家和发达国家的关系。中国始终坚持发展中国家的自我定位，代表着发展中国家的利益，在重大问题上与广大发展中国家有着一致的立场。同时，中国与发达国家也有着广泛的合作交流和利益空间，特别是在经济贸易、应对全球问题、发展现有国际机制等问题上有着共同利益，在推动解决地区冲突、促进世界和平与稳定上也持有相近的基本立场。中国在发达国家与发展中国家间保持平衡，既肯定自己的立场，也不否定对方，增进发展中国家与发达国家的对话，和而不同，求同存异，成为沟通联系的纽带。三是平衡发展对外经济合作与建构对外国家形象的关系。随着经济的不断发展，中国对能源的需求越来越大，中国的对外经济合作也在加强。对此，西方世界感到了一种莫须有的威胁，同时这也给“新殖民主义”提供了口实。事实上，开展友好外交关系是中国一贯的原则，“不为所取，但为所予”是中国外交的一个传统。但是，西方媒体却嗅到了不同的味道——中国只是为经济利益而来。其实，这是一种莫大的误解。中国的对外经济合作总是本着互利共赢的原则，己所不欲，勿施于人，从不强人所难；是己所欲，也慎施于人。要改变西方的误解，就需要多进行文化交流、民间交往，多做说明推介、信息宣传、军事展示等工作，参与国际多边合作，保持国民在外形象，多渠道、广范围、分层级地建构大国外部形象，友善他国，树立简单、清新、和善、异于传统强权的新兴大国形象。四是平衡外交上“刚”与“柔”的关系。实际上，外交本身就是和平的不流血的政治，要讲究方法和技巧，不能逞匹夫之勇，要留有回旋余地，以笑脸示人。所以，在战略层面中国仍将保持具有防御姿态的“韬光养晦”战略，以“柔”性为主，“柔中有刚”，为国内问题的优先解决创造条件；在战术层面则需保持积极有为的姿态，以维护不断拓展的国家利益和承担起相应的国际责任，以“刚”性服人，“刚中有柔”。总之，刚柔并济、平衡好两者的关系会更好地展现中国承担国际责任的优美身姿。

第二节　中国外交新特点

党的十八大以来，以习近平同志为核心的党中央接过历史的接力棒，高举中国特色社会主义伟大旗帜，以对党、对人民、对民族高度负责的精神，总揽全局、运筹帷幄，励精图治、奋发有为，汇聚起实现中华民族伟大复兴的强大力量，带领全党全军全国各族人民开创了党和国家事业发展的崭新局面。在外交领域，习近平主席不仅是新时期大国外交的“总设计师”，还是大国外交的亲身实践者和引领者。在习近平主席的带领下，中国外交的面貌焕然一新：外交决策效率大幅提升，外交协同能力显著增强，外交进取姿态全面呈现，全方位外交布局已然成形，在捍卫国家利益方面比以往“更强硬”，在塑造国家形象、提升大国软实力上手段“更多元”，个人风格凸显。

（一）外交的协同性显著增强

一方面，习近平同志作为新一代党中央核心的独特威望为中国外交事业的推进奠定了领导力基础。“党管外交”历来是中国外交的首要原则。十八大以来，通过重拳反腐、从严治党、从严治军，党的凝聚力和战斗力显著增强，全国上下万众一心、众志成城，共同为民族复兴的伟大事业而奋斗，这一良好局面为各项外交工作的推进铺平了道路。

另一方面，中央国家安全委员会的成立推动了大国外交的顶层设计和政策协同能力。外交通常被定义为政府间的交往，但随着改革开放的推进和全球化的发展，中国社会各个领域均在对外开放中建立起了复杂的联系网络，非外交部门的外交职能在迅速成长，不仅带来了政策协调性的问题，还给维护国家利益、应对突发问题带来了挑战，在南海问题上一度出现的“九龙治水”困局就是典型的案例①。如何统筹国际和国内两个大局，充分调动和释放各方面的积极性和创造力，确立一盘棋的体制机制，确保中央对外战略意图得到贯彻和实现，是新时期中国外交急需解决的首要问题②。2013 年新设立的中央国家安全委员会是中华人民共和国成立以来国家外交安全决策机制中出现的最重要的顶层设计和

---

① CAMPBELL K M. Trouble at Sea Reveals the New Shape of China's Foreign Policy.（2014 - 07 - 22）. http://blogs. ft. com/the-a-list/2014/07/22/trouble-at-seareveals-the-new-shape-of-chinas-foreign-policy/.

② 赵可金. 党的十八大以来的中国新外交. 新视野，2014（2）：93-97.

制度创新。它带动了安全与外交政策的协调统一，带动了“国内国际两个大局”的协调统一，带动了中央和地方、政府和民间、涉外各部门牢固树立外交一盘棋意识，各司其职，形成合力，有力改进和加强了中央对外事工作的集中统一领导和统筹协调，提升了外交决策的执行力。

（二）外交的主动性明显提升

十八大以来的中国外交具有十分明显的“主动性”特征，即与过去相比，更加强调“以我为主”、主动谋篇布局、积极有所作为。改革开放以来，由于外交压倒性地服务于国内经济建设，因此中国外交在大多数时候处于“反应式”和“问题导向”的状态，即只有当出现矛盾的时候才加以解决，比较被动。其中典型的例子包括 20 世纪 90 年代中期的台海危机等。从根本上说，这是由当时中国国力相对较弱、国内问题远远优先于外交问题的现实决定的。然而就现在来看，随着中国综合国力的显著增强、海外利益的不断扩展以及参与全球治理的程度日益加深，外交在国家发展战略中的地位已不可同日而语，因此中国外交凸显主动的一面势所必然。

这种主动性体现在“下先手棋、提前布局”上。在习近平上任之初，中国外交的主要问题集中在两个方面：一是中美之间出现战略互不信任，二是中国与周边部分国家存在海洋领土主权争端。如果按照过去的逻辑，新一届中央领导集体应该首先着手处理这两大问题。然而，习近平上任后不到一周即首先出访俄罗斯和非洲部分国家，然后又对拉美多国进行了国事访问，随后又与奥巴马举行加州庄园会晤。由此不难看出，中国新一届政府的外交开篇即采取了“先外围后内线”的思路，即先把“后方”和“阵地”巩固好，再来解决重点问题，这体现出一种鲜明的“以我为主”的主动性，而不是由别人设定议程，被别人牵着鼻子走[①]。从结果上看，美方主动邀请习近平主席 2013 年 6 月访美的举动证

① 黄靖. 化被动为主动，先声夺人：习式外交，抓住了哪些关键点. 人民论坛，2015 (10)：66-69.

明，这种新的选择事实上增强了中国的谈判地位。类似的例子很多，如中国设立三沙市、在东海划设防空识别区、在南海进行基础设施建设等，通过主动作为，中国获得了战略和战术上的主动性，增加了外交政策的灵活性。

这种主动性也体现在“设置议程、塑造话语”上。新型大国关系理念的提出就是中国外交主动设置议程的典型案例。梳理冷战后的中美关系发展历程不难发现：对中美关系的定位往往是由美国先提出，然后中国做出回应，而新型大国关系则是一个由中国提出并得到美方积极回应的概念，它对中美打破守成大国与新兴大国之间往往发生冲突的历史窠臼，构建以相互尊重、互利共赢为基础的新型关系发挥了积极作用①。在南海问题上，面对西方国家提出的“冻结”方案，中国积极推动解决南海的“双轨思路”，获得了东盟多数国家的认可。在“南海仲裁案”结果出炉之后，中国坚持用“双轨思路”解决南海问题，尽力控制南海问题对中国与东盟合作的干扰②，缓解了被动局面。

（三）大力推进“全方位外交”

中国外交的新特点还体现在“全方位”上。首先，国别外交的涵盖面更加广泛与均衡。虽然十八大后中国外交依然坚持“大国是关键，周边是首要，发展中国家是基础，多边是重要舞台”的既往传统外交理念，但中国外交愈来愈体现出全方位和多支点的特征，中国外交在继续重视大国和周边国家的同时，又提升了对发展中国家和多边外交的支持，使中国外交网络更加多元化和具有立体感——中国外交已经成为由打造“好邻居”、培育“好兄弟”、经营“好伙伴”和结交“好朋友”等组成的多支点外交③。在领导人出访国家的选择上，也更加注重大小国别“全覆盖”。例如，习近平主席 2013 年 6 月出访的加勒比海国家特立

---

① 袁鹏. 关于构建中美新型大国关系的战略思考. 现代国际关系，2012（5）：1-8.

② 金灿荣.“南海仲裁案”后中国面临的压力与应对之道. 太平洋学报，2016（7）：51-53.

③ 阮宗泽. 赢得下一个十年：中国塑造多支点外交. 国际问题研究，2013（4）：20-36.

尼达和多巴哥共和国在 1974 年就已经与中国建交，可是将近 40 年没有中国领导人到访，习近平主席的特立尼达和多巴哥之行弥补了这一空白。同时，就每一年的出访情况看，习近平主席与李克强总理的出访国家呈现出相互补充、全球覆盖的特点。例如，2013 年，除了习近平主席遍及俄罗斯、非洲、美洲、中亚和东南亚的外事活动外，李克强总理也对南亚和中东欧的多个国家进行了访问，确保了中国外交对各个主要地区的全方位覆盖。

其次，中国外交涉及的内容也是全方位的。过去，中国从国家利益和现实需要出发，比较重视发展大国关系和周边关系，而涉及的区域合作的内容不多。现在，利用中国—东盟自贸区建设、“一带一路”倡议、中阿合作论坛、中拉合作论坛、中非合作论坛等地区合作机制，中国实现了与发展中国家整体合作机制的全覆盖①。随着关乎世界每个角落的全球性问题日益凸显，中国开始重视参与全球治理以及推进公共外交。在气候变化领域推进《巴黎协定》的达成，在核不扩散领域推动核安全倡议，呼吁加强国际网络空间的治理，中国在全球治理问题上的表现令世界赞叹不已。不少学者认为，未来中国外交将会继续超越传统外交领域，努力拓展高边疆范围，在国际政治、经济、安全和人文领域刮起“中国风”，实现中国软硬实力齐头并进②。新一届政府在深化中外人文交流、加大汉语推广等方面也不遗余力，除了继续扩大孔子学院的数量和规模，中国还与多个国家和地区建立起人文交流机制，公共外交在中国外交中的分量正在不断加大。

再次，中国外交在战略布局上更注重东西平衡。针对美国回归亚洲的战略部署，中国外交更加注重“东西平衡”，即加大了“西部战略”在中国外交中的分量，同时积极“走出亚洲”。改革开放 30 多年来，由于中国东部沿海地区具有对外联系的地缘优势，因而中国将经济重心放

---

① 吴白乙. 中拉论坛：中国特色大国外交新的风景线. 求是，2015 (3).

② 张宇燕. 全球治理的中国视角. 世界经济与政治，2016 (9)：4-9；庞中英. 全球治理的中国角色：复杂但清晰. 学术前沿，2015 (8)：86-95；蔡拓. 中国如何参与全球治理. 国际观察，2014 (1)：1-10.

当地学生到孔子学院学习毛笔字，体验中国文化

在了东南沿海，中国外交的主要方向也偏向东南。客观上，这一战略选择对中国经济的持续高速增长做出了不可磨灭的贡献。然而，由于当前中国在这一方向面临着日益增大的战略压力，特别是美国推行的东移战略导致东海和南海问题在近几年内集中"爆发"，因而从战略角度上讲，中国"向西看"和"走出亚洲"可以平衡来自东部的压力，从而拓展自身的战略空间①。例如，中国将继续努力推动上合组织发挥更大的作用，而且"一带一路"倡议将成为欧亚大陆各国加深经济、社会、文化联系，推进互利共赢的战略创新之举。

最后，注重"陆海兼顾"。中国开始进一步加速推进国防现代化和加快走向海洋，这是中国力量和利益发展变化的客观要求，也是今后实现进一步发展的必由之路②。例如，当前中国的海洋经济在整个国民经济中所占的比重已经超过 10%，并且正在继续以快于同期 GDP 增速的势头向前发展。因此，海洋产业早已经成为中国经济不可或缺的组成部分，并将在未来扮演更为重要的角色。在这种背景下，中国政府开始愈

① 王缉思. 东西南北，中国居"中"——一种战略大棋局思考. 中国国际战略评论，2013 (6)：15-30.

② 金灿荣. 海洋与现代国际关系. 探索与争鸣，2011 (10)：13-15.

发关注海上国家利益。同时，由于海洋经济涉及社会诸多行业和部门的切身利益，因而来自公民社会的维护海上利益的压力也会日益增大。中国国家海洋局的重组和国家海洋委员会的成立加强了中国的海上统一执法，使中国向建设海洋强国的目标迈出重要一步，“维护海洋权益”和“维护海外利益”也首次单独成节地出现在习近平主席就任后发布的首份中国国防白皮书——《中国武装力量的多样化运用》中。2013 年 10 月，习近平主席访问东盟国家时提出了建设“21 世纪海上丝绸之路”倡议，这一倡议的提出对我们发展海洋经济、建设海洋强国、扩大改革开放水平具有重要意义。在其后的中央周边外交工作座谈会上，“21 世纪海上丝绸之路”和“丝绸之路经济带”被作为中国周边外交的两个重要支柱，是中国外交陆海兼顾特点的直接体现。

（四）强调“底线原则”和“底线思维”

十八大以来，中国外交的一个明显变化是强调“底线原则”和“底线思维”，在捍卫国家利益上态度更加坚决。习近平 2012 年在广东考察时指出：要看到国际国内各种不利因素的长期性、复杂性、曲折性，不回避矛盾，不掩盖问题，从坏处准备，争取最好的结果，牢牢把握主动权。2013 年 1 月 28 日，习近平在主持中共中央政治局第三次集体学习时明确指出：“我们要坚持走和平发展道路，但决不能放弃我们的正当权益，决不能牺牲国家核心利益。任何外国不要指望我们拿自己的核心利益做交易，不要指望我们会吞下损害我国主权、安全、发展利益的苦果。”在事关中国主权和领土完整的重大原则问题上，我们不惹事，但也不怕事，坚决捍卫中国的正当合法权益。保持底线思维，坚守底线原则，这是新一届党和国家领导人对和平发展道路做出的重要理论贡献①，它不仅明确了和平发展的前提条件，体现出中国维护国家利益的决心，同时也对中国外交提出了更高要求，即居安思危，未雨绸缪，主动谋划，消除风险。坚持底线原则和底线思维，不仅展现了中国的大国自信

---

① 宫力. 和平发展道路的底线思维和底线原则. 领导科学论坛，2016（16）：3-18.

和成熟心态，也体现了中国走和平发展道路的诚意。在中国面临与周边部分国家的海洋领土主权争端之际，强调和平合作，让外界了解中国在这些问题上的底线，不仅不会引发所谓“中国威胁论”的忧虑，反而会减少战略不确定性和降低擦枪走火的风险，还可以避免一些国家打着试探中国和平发展诚意的幌子，故意挑起事端，干出损害中国国家利益、危害地区稳定的事情。2013 年中国在东海划设防空识别区，就是亮明底线的典型案例。中美构建新型大国关系的行动也是坚持底线思维、底线原则的重要体现，中美是对全球有重要影响力的两个大国，中美两国和世界都承受不起大国冲突所造成的严重后果，中国主张构建新型大国关系的首要目的是规避新兴大国与守成大国潜在的冲突，确保“不冲突、不对抗”的底线。十八大以来，中美两国比以往更加注重危机管理机制的构建，2013 年 6 月，习近平主席与奥巴马总统达成了关于两军重大军事行动相互通报信任措施和海空相遇安全行为准则的共识，这也是底线思维的一种体现。在中美沟通的过程中，中国比以往更加明确地提出自己的核心利益，希望在彼此尊重对方的核心利益的基础上强化合作，让美方了解到中国的战略底线有助于双方消除战略误判的可能。

（五）个人风格为大国外交添彩

十八大以来，元首外交对中国外交发展的牵引作用非常明显，习近平主席出访了几十个国家，足迹遍及四大洲。习近平主席在国际舞台上所展示出的气质与风采不仅提升了中国的大国形象，也给中国外交带来了新风格与新气派。与之前的领导人相比，习近平主席的外交话语更加生动、风趣、接地气。习近平主席在出访演讲时，会选择最简单、直白的方式讲述中国故事，常常以谈心式、聊天式的语气娓娓道来，用对方耳熟能详的故事和谚语唤起双方民众的“共同记忆”，使双方迅速产生心理共鸣，为沟通营造良好氛围。例如，在莫斯科国际关系学院的演讲中，习近平主席用“鞋子合不合脚，自己穿了才知道”这样形象的话语阐释各国人民都有自主选择发展道路的权利，一语胜千言，既令人信服不已，又让人印象深刻。在西雅图的演讲中，习近平主席用“没有什么纸牌屋”来回应外界对中国反腐的误解，而《纸牌屋》恰好是揭示美国政治权力斗争残酷性的热播剧，这一生动比喻不仅赢得了听众热烈的掌声与会心的笑声，还恰到好处地点出了美国自身的问题，展示出中国的制度自信。2013 年，在会见物理学博士出身的德国总理默克尔时，习近平主席借用牛顿力学三定律来阐释对中德关系的看法，牢牢把握合作的“惯性”、通过务实合作提升“加速度”、减少两国关系的“反作用力”等精彩表述令德国民众心领神会、赞叹不已。与之前的领导人相比，习近平主席乐于接受新的外交方式，外交风格清新自然、更具亲和力。中美两国领导人的庄园会晤就是典型案例，在美国加利福尼亚州安纳伯格庄园，习近平主席与奥巴马总统这次“不打领带的会晤”开创了中国外交史上的一个先例，两国领导人用漫步畅谈的方式真诚沟通、亲密接触，世界不仅看到了中国元首亲切自然、挥洒自如的新形象，更直观地感受到了中美携手致力于构建新型大国关系的积极氛围。在 2014 年访问欧洲时，习近平主席在对象国主流媒体上发表了四篇署名文章，四篇文章语言直白朴实、感情真挚动人，成为讲好中国故事、塑造中国形象、阐述中国道路的样板。主席出访前发表署名文章不仅起到了为访问预热和定调的作用，还通过文字直观地展示了中国领导人的个人魅力，这种方式为中国外交再次开创了一个先例，并成为之后加以沿用的惯例。第一夫人外交也为中国外交增色不少。2013 年习近平主席访问俄罗斯时，中国第一夫人彭丽媛首次在国际舞台上亮相就吸引了全球媒体的目光。从言谈举止到着装风格，中国的第一夫人展示了独特的东方之美和中国魅力。而身为歌唱家、艺术家、世界卫生组织亲善大使，中国的第一夫人拥有丰富的外事经验，在文化交流、国际慈善活动等领域具备独特的外交优势，她的外交活动充分展示出大国外交柔性、细腻的一面，营造出中国亲和、开放的国际形象，有助于提升中国的软实力。习近平主席和夫人在国际舞台上的一些自然、亲密的互动也为中国国家形象增添了温情浪漫的元素，习近平主席和夫人共赏一朵花、共品一块糕点，习近平主席为夫人撑伞、与夫人一起荡秋千等甜蜜的举动不仅温暖了国人，也赢得了世界的赞叹。

第三节　中国特色大国外交：延续与变革

在 2014 年 11 月 28 日的中央外事工作会议上，习近平主席系统阐述了中国特色大国外交的基本理念与创新实践。基本理念主要包含六个方面。第一，要坚持中国共产党领导和中国特色社会主义，坚持我国的发展道路、社会制度、文化传统、价值观念。第二，要坚持独立自主的和平外交方针，坚持把国家和民族发展放在自己力量的基点上，坚定不移走自己的路，走和平发展道路，同时决不能放弃我们的正当权益，决不能牺牲国家核心利益。第三，要坚持国际关系民主化，坚持和平共处五项原则，坚持国家不分大小、强弱、贫富都是国际社会平等成员，坚持世界的命运必须由各国人民共同掌握，维护国际公平正义，特别是要为广大发展中国家说话。第四，要坚持合作共赢，推动建立以合作共赢为核心的新型国际关系，坚持互利共赢的开放战略，把合作共赢理念体现到政治、经济、安全、文化等对外合作的方方面面。第五，要坚持正确义利观，做到义利兼顾，要讲信义、重情义、扬正义、树道义。第六，要坚持不干涉别国内政原则，坚持尊重各国人民自主选择的发展道路和社会制度，坚持通过对话协商以和平方式解决国家间的分歧和争端，反对动辄诉诸武力或以武力相威胁。创新实践主要有四个方面：一是构建以合作共赢为核心的新型国际关系；二是建设“一带一路”、构建我国全方位对外合作格局；三是倡导共同、综合、合作、可持续的安全观；四是践行正确义利观①。

习近平主席中国特色大国外交理论体系的基本框架，既秉承了新中国外交一以贯之的优良传统，又结合国际格局发展的新形势、中国面临的新问题和新挑战对既有的外交理论进行补充和完善②，它是在持续的

① 开创中国特色大国外交新局面．求是，2015（3）．

② 吴建民．中国特色的大国外交，特色在哪里．北京日报，2016-01-25．

外交实践中经过不断创新和发展而形成的，是理论与实践相结合的产物，代表着中国特色外交理论体系建设的新高度与新进展。

中国特色大国外交的理论与马列主义、毛泽东思想以及中国特色社会主义理论体系一脉相承，是新中国历届政府外交思想与实践的沉淀与结晶。毛泽东外交思想的精髓在于奉行独立自主的和平外交政策，维护国家的独立和主权，反对帝国主义、殖民主义和霸权主义，支持被压迫国家与被压迫民族争取和维护独立的斗争，坚决捍卫世界和平，希望在和平共处五项原则的基础上与世界各国实现和平共处①。在毛泽东外交思想的指引下，中国在错综复杂的国际环境中维护了国家的主权独立和国家尊严，赢得了广大发展中国家的支持和信赖，逐步与世界主要的国家建立了外交关系，恢复了在联合国的合法席位，在国际社会站稳了脚跟。邓小平的外交思想精髓在于提出了和平与发展的时代主题，在国际事务中坚持反对霸权主义和强权政治，坚定维护世界和平与发展。中国明确永远不称霸，始终和第三世界国家站在一起，为维护第三世界国家的权益而斗争。对于一切国际事务和国际问题都从中国人民和世界人民的根本利益出发，根据事情本身的是非曲直独立自主地决定自己的立场和政策。在邓小平外交思想的指引下，中国外交着力于为国内现代化建设塑造良好的国际环境，中国以经济建设为中心，以开放促改革，积极走向国际舞台，学习发达国家的经验与技术，发展同所有国家的友好关系，实现了国家实力的快速提升。江泽民的外交思想很大程度上延续了邓小平的外交理念，坚持“韬光养晦、有所作为”的方针路线，使中国外交继续为国内发展保驾护航。其主要内容包括：坚持和平与发展，倡导国际政治经济新秩序，顺应世界多极化和经济全球化的时代潮流，抓住战略机遇期，倡导国际关系民主化和发展模式多样化，提出了新安全观，反对各种形式的霸权主义、强权政治和恐怖主义。这一时期，中国成功应对了 1989 年政治风波和苏东剧变所带来的考验，在夯实大国外交、周边外交、发展中国家外交的同时，积极参与多边事务，推动地区

① 杨洁勉. 中国外交理论和战略的建设与创新. 上海：上海人民出版社，2015：55-57.

合作，实现了港澳的顺利回归，应对了台海危机的挑战，推动了经济平稳快速发展，并在亚洲金融危机中发挥了建设性作用。胡锦涛在延续邓小平战略方针的同时，系统性地总结了新中国外交的和合理念，提出高举和平、发展、合作的旗帜，将“和平共处”“和平与发展”“求同存异”“君子和而不同”等重要思想纳入“和平发展道路”与“和谐世界”理念。对和平发展道路的阐释在一定程度上缓解了其他国家对中国快速崛起的战略焦虑，使中国的发展赢得了国际社会的更多理解与支持。对和谐世界理念的实践使中国开始以负责任大国的身份全面介入国际事务，中国更加重视多边外交和公共外交，借助于奥运会和世博会等国际盛会的举办，中国成功塑造了自身的大国形象，借助于30多年持续的快速发展以及中国在全球金融危机中的抢眼表现，中国作为新兴国家群体代表的定位逐渐深入人心，越来越多的国家开始将中国视为未来能够与西方相抗衡的大国力量。

十八大以来，中国以新的开放格局推进体制改革，以互利共赢的理念谋求地区安全与国际合作，以勇于担当的姿态推动世界经济的均衡发展与全球问题的解决[①]。借助于构建以合作共赢为核心的新型国际关系，中国重新塑造和定位了与俄罗斯、美国、欧洲的关系，开始以全球大国的新角色参与到全球与地区热点问题的治理中。借助于“一带一路”倡议的快速推进，中国重新塑造了与周边国家的关系，开始以更开放的姿态与更广阔的世界互联互通，使欧亚大陆前所未有地紧密联系在一起。借助于共同、综合、合作、可持续的安全观，中国以联通发展推动地区和平的观念开始深入人心，使命运共同体的种子开始在亚洲生根，使构建新型的跨太平洋安全架构开始进入人们的视野。借助于正确的义利观，中国传统智慧在中国外交中焕发出新的活力，中国与广大发展中国家的合作全面提速，中国与非洲、拉美地区的互联互通进一步加强，中国在国际舞台上的软实力进一步提升。中国外交开始展现出鲜明的中国特色、中国风格和中国气派。

---

① 李保东. 中国特色大国外交：开放、共赢、担当. 解放日报，2016-03-25.

China's **Wisdom**

第9章

中国外交的思想渊源

9 中国外交的思想渊源

中国共产党第十八次代表大会完成了中央领导集体的新老交替，标志着中国的改革与发展进入一个崭新阶段。就外交领域而言，开启这一新阶段的是 2013 年 1 月 28 日举行的第十八届中共中央政治局第三次集体学习。在学习中，习近平总书记代表新的领导班子提出一系列对外工作的新理念，此后不断加以补充、拓展与深化。思想是行动的基础和先导。一方面，这些新理念成为中国外交新倡议、新举措、新风格的指导思想，标志着十八大以来中国外交的新面貌。另一方面，十八大以来的新理念、新倡议、新举措也有自身的思想和文化渊源。这种思想渊源根植于中国具体的现实国情，但由于现实与文化的复杂性，中国外交背后的思想文化底蕴不仅深厚绵长，而且体现出看似矛盾的二元对立特征，如理想与现实、传统与现代、本土与外来。

第一节　在理想与现实中折中

苏联作家克雷洛夫曾说："现实是此岸，理想是彼岸。中间隔着湍急的河流，行动则是架在川上的桥梁。"这句话寓意深刻，既表明了理想与现实的区别，又指出了行动或实践是连接二者的桥梁。它可以用来指导人们的日常行为，也适用于解释中国外交的逻辑。自新中国成立以来，中国外交一直游走于理想与现实之间，十八大以来的中国外交清晰地体现了这一特色，通过新的外交倡议与实践将两者更紧密地结合起来。

理想是对美好事物的向往。理想不同于现实，理想是有可能但不容易实现的愿望与追求，而且侧重于道德层面。十八大以来，中国在外交领域倡导正确义利观，提倡国际关系民主化、法治化、合理化，提出处理与发展中国家关系的四字箴言，提出并落实"一带一路"、互联互通、亚投行等倡议。从思想观念的角度看，中国的这些外交倡议与举措体现了讲信义、重情义、扬正义、树道义的特点，反映出人类命运共同体的意识，表露了和平、发展、合作、共赢旗帜的价值取向，渗透着浓浓的道德关怀和理想色彩。

第一，追求人类共同利益的价值观。从理论的角度看，人类拥有共同利益的基础是人类具有平等性和社会性。一方面，人类拥有共同特征，因而具有平等性。恩格斯说，“一切人，作为人来说，都有某些共同点，在这些共同点所及的范围内，他们是平等的”①。另一方面，人类在相互交往和相互依存中产生和存在，具有社会性。马克思指出：“人的本质并不是单个人所固有的抽象物。在其现实性上，它是一切社会关系的总和。”② 从史实的角度看，维护人类共同利益是人类社会发展的基本态势。之所以如此，是因为人类社会需要延续和发展，这是人类共同利益的根本所在。基于这种必然性，各国（各民族）必须处理好本国（本民族）与他国（其他民族）之间的利益关系，即国家利益与人类共同利益的关系，这必将影响各国的对外政策和国际关系。共产主义是科学社会主义理论对人类共同利益的精辟概括和科学论证，也是中国共产党的最高理想和最终目标。邓小平指出：“社会主义的本质，是解放生产力，发展生产力，消灭剥削，消除两极分化，最终达到共同富裕。”③ 中国共产党坚定信奉的共产主义理想信念体现了全人类共同利益的思想，这对十八大以来的中国外交产生了重要影响，具体表现为中国倡导的人类命运共同体意识。中国共产党的命运共同体理念源于十七大报告中两岸共同体的概念。2012年，胡锦涛先后提出命运共同体和人类命运共同体的概念。十八大以来，中国领导人在不同场合多次倡导与周边国家和发展中国家之间的命运共同体意识。一是提出对非洲国家真、实、亲、诚的外交理念。2013年3月，习近平主席在坦桑尼亚强调，对待非洲朋友，我们讲一个“真”字；开展对非合作，我们讲一个“实”字；加强中非友好，我们讲一个“亲”字；解决合作中的问题，我们讲一个“诚”字。二是提出对周边国家亲、诚、惠、容的外交理念。2013年10月，习近平在主持周边外交工作座谈会时指出，我国周边外交的基本方

---

① 马克思，恩格斯．马克思恩格斯选集：第3卷．北京：人民出版社，1972：142.

② 马克思，恩格斯．马克思恩格斯选集：第1卷．北京：人民出版社，1972：18.

③ 邓小平．邓小平文选：第3卷．北京：人民出版社，1993：373.

针，就是坚持与邻为善、以邻为伴，坚持睦邻、安邻、富邻，突出体现亲、诚、惠、容的理念。三是提出对金砖国家开放、包容、合作、共赢的外交理念。2014 年 7 月，习近平主席在金砖国家领导人第六次会晤上提出，我们应该坚持开放精神，发挥各自比较优势；坚持包容精神，推动不同社会制度互容、不同文化文明互鉴、不同发展模式互惠；坚持合作精神，继续加强团结，照顾彼此关切，深化务实合作；坚持共赢精神，在追求本国利益的同时兼顾别国利益，推动走出一条大国合作共赢、良性互动的路子。

第二，平等合作的和平理念。和平是实现人类共同利益的前提，主要指维护世界和平，防止发生新的世界大战。第二次世界大战之后，和平问题成为各国人民关注的焦点之一。尽管各地的局部战争和冲突时有发生，但世界总体和平的趋势仍是主流，而且遏制战争的各种力量不断增强。从目前的形势看，一方面，世界总体上将在可预见的未来继续保持和平。主要原因在于：一是世界大战的惨痛教训使人们认识到，和平来之不易，历史悲剧不应重演；二是科技进步和经济全球化加速发展，各国相互依赖程度不断加深；三是核武器的毁灭性形成恐怖平衡，制约大国之间爆发战争。另一方面，传统与非传统安全的威胁短期内难以彻底消除。由于民族矛盾、宗教纠纷、领土和边界争端等因素，局部战争和流血冲突持续上演，同时国际恐怖主义、极端宗教势力、民族分裂主义等非传统安全的威胁不断上升。对于国际和平问题，中国领导人做出了理性判断。邓小平明确提出和平是当今时代的两大主题之一，其后的历届中国领导人都坚持这一认识。从 20 世纪 90 年代中期以来，中国多次提出自己的新安全理念。2009 年，胡锦涛主席在联合国将中国新安全观的核心内容阐述为“互信、互利、平等、协作”，强调互利合作，寻求共同安全。十八大以来，中国提出不同领域的新安全观。2014 年 4 月 15 日，习近平在主持中央国家安全委员会第一次会议时提出总体国家安全观，系统地概括了 11 种安全。2014 年 3 月 24 日，习近平主席在第三届核安全峰会上，提出“发展和安全并重、权利和义务并重、自主和协作并重、治标和治本并重”的核安全观。2014 年 5 月 21 日，习近平在亚信第四次峰会上提出“共同、综合、合作、可持续”的亚洲安全观。总体国家安全观着眼于国内外的复杂形势，致力于政权巩固和国家安全。亚洲安全观针对亚洲安全问题，旨在维护亚洲，特别是中国周边地区的安全形势。中国是世界上首个提出核安全观的国家，这为国际核能开发利用与核安全合作提供了价值参考，增强了中国的国家影响力。

第三，合作共赢的发展思路。发展是实现人类共同利益的途径，指事物进步变化的过程，在国际关系领域指人类社会的综合进步，尤其是经济发展。第二次世界大战之后，一方面，世界经济取得长足进步。由于世界总体和平、经济全球化深入发展、科学技术大力推动，发达国家和发展中国家都在各自基础上获得不同程度的发展。另一方面，世界经济仍面临一些发展问题，如南北差距日益扩大，气候变化、金融危机、国际难民、疫病传播等全球性威胁日益突出。对于发展问题，中国领导人有清醒的认识，认为发展是当今时代的另一个主题与核心问题，积极致力于经济建设。在国内方面，中国将工作重心转移到经济建设上来，在加快经济发展的同时着力减少贫困人口。在对外方面，中国主张合作共赢的发展理念，致力于与其他国家一起实现发展目标。合作共赢指中国与其他国家在国际互动中共同受益，这要求中国摒弃西方的零和思维，处理好本国利益与国际利益的关系。十八大以来的中国外交体现了合作共赢的发展理念：一方面，中国在周边外交和发展中国家外交方面提出正确义利观。2013 年 3 月，习近平主席访问非洲期间首次提出“正确义利观”，强调与非洲人民平等相待、真诚友好、重诺守信，与非洲国家交往时绝不走殖民者的掠夺老路，不会只求一己之私，而是与非洲人民共同发展、共同繁荣。2013 年 10 月，习近平主席在首次周边外交工作座谈会上强调，要找到利益的共同点和交汇点，坚持正确义利观，有原则、讲情谊、讲道义，多向发展中国家提供力所能及的帮助。另一方面，中国坚持和平、发展、合作、共赢的理念，把一系列合作共赢的倡议落在实处。中国提出并大力落实“一带一路”倡议，中国为推进“一带一路”提出互联互通的倡议，中国为落实互联互通倡导建立了亚投行。

第四，共商共治的治理思想。全球性问题凸显使全球治理成为国际关系领域的焦点问题之一，这反映了全球化和多极化的趋势。一方面，全球化使一些局部性和地方性的问题放大为全球性问题；另一方面，多极化凸显了发达国家主导的全球治理体系合法性不足的问题。从理论上说，各国能力有大小，但各国的法律地位一律平等，参与全球治理的机会应该均等。然而，在全球治理的现实层面，各国的话语权和参与机会并不平等，主要表现为发达国家垄断国际话语权，主导国际规则制定，把持国际机构。中国作为一个快速发展的新兴大国，面临越来越多的全球性威胁的困扰。在这种背景下，中国开始重视参与全球治理，愿意在应对气候变化、稳定国际金融秩序、促进世界自由贸易扶贫、救灾等方面做出更大贡献。面对不合理的全球治理环境，中国提出了“共商、共建、共享”的全球治理思想，体现了命运与共、责任共担、成就共享的理念。这种思想对中国外交具有重要影响，主要表现为中国倡导国际关系民主化、法治化、合理化。国际关系民主化的思想是中国在新世纪提出的一项重要理论创新。2000 年以来，中国领导人多次阐述了国际关系民主化的概念和主张。十八大之后，中国新一届中央领导集体在继承的基础上发展完善了这一外交思想。2014 年 6 月 28 日，习近平主席在和平共处五项原则发表 60 周年纪念大会上强调，世界上的事情应该由各国政府和人民共同商量来办，推动各方在国际关系中遵守国际法和公认的国际关系基本原则，适应国际力量对比新变化推进全球治理体系改革。

现实与理想或虚幻相对，是各种客观存在的总和。在国际关系领域，客观现实是国家利益是主权国家对外政策的出发点与核心目标，而各国本国利益的实现程度与国家实力密切相关。十八大以来，中国外交表现出强烈的现实关切，如重视国家利益、大国权力意识和大国责任。在注重国家利益方面，中国提出海洋强国战略、总体国家安全观、亚洲安全观、核安全观等战略和思想。在强调大国权力意识方面，中国提倡建立新型大国关系，积极参与全球治理。在承担大国责任方面，中国积极对抗非传统安全威胁，推动实现联合国 2030 年目标，免除不发达国家的债务。

首先，以国家利益为重。国家利益是对外政策的最高准则，十八大以来的中国在外交战略和外交思想上延续了注重国家利益的传统。一方面，中国提出建设海洋强国战略。十八大报告提出，提高海洋资源开发能力，发展海洋经济，保护海洋生态环境，坚决维护国家海洋权益，建设海洋强国。2014 年 6 月 21 日，李克强在中国与希腊海洋合作论坛上阐述了“和平、合作、和谐”的海洋观。海洋强国指在开发海洋、利用海洋、保护海洋、管控海洋方面拥有强大综合实力的国家。加快走向海洋是中国力量和利益发展变化的客观要求，也是今后实现进一步发展的必由之路。在国内外形势复杂的背景下，建设海洋强国具有重要的现实意义和战略意义，是中华民族永续发展、进一步加速推进国防现代化、走向世界强国的必由之路。另一方面，中国坚持维护自身利益的底线。十八大以来，中国在对外场合多次强调底线原则。习近平主席、李克强总理在多个场合强调国家间合作，同时也强调中国不会放弃自己的核心利益，不会拿自身核心利益做交换，这就是底线原则。例如，在南海争端问题上，中国在强调和平与合作的同时表明南海岛屿是中国主权领土的底线；在对待周边国家方面，中国采取“不等距外交”也是强调底线原则。实际上，在争议或复杂问题上强调和平合作并表明底线，有利于降低战略的不确定性和减少误判风险。

其次，注重大国权力意识。国家实力是外交政策的基础，也是提升国际地位和影响力的基础。随着综合实力持续快速提升，中国开始重视大国权力意识。一方面，中国积极参与全球治理。在全球化深入发展的时代，各种全球性问题日益凸显，全球治理成为各国必须面临的新课题。然而，由于西方国家具有实力优势并长期掌握国际话语权，并且由于国家间权力转移的趋势日益明显，中国开始注重参与全球治理并做出自己的贡献。例如，自全球金融危机以来，二十国集团领导人峰会成为全球经济治理的重要平台，世界银行和国际货币基金组织也发挥了重要作用。中国不仅致力于提高本国和其他新兴大国在这些国际组织中的代表性，而且在二十国集团杭州峰会上积极提供全球经济治理的中国方案和智慧。在应对气候变化方面，中国团结广大发展中国家，坚持“共同但有区别的责任原则”，积极协调各方立场，努力促成联合国气候变化大会签署《巴黎协定》，并主动承担应对气候变化的责任。另一方面，中国认真构建新型大国关系。构建新型大国关系的倡议最初是针对中美关系提出的，现在也用于中国发展与其他大国的关系。2012 年 2 月，习近平访美时提出构建“前无古人、后启来者”的新型大国关系。2013 年 6 月，习近平与奥巴马在安纳伯格庄园会晤时，将其核心内容界定为“不冲突、不对抗、相互尊重、合作共赢”。2014 年 7 月，习近平主席赋予这一倡议新内涵，即“坚持合作，避免对抗，既造福两国，又兼济天下”。从某种意义上说，倡导并推动构建新型大国关系表明，中国不仅成为世界上的一个重要大国，而且是美国眼中可能挑战其霸权的大国，中国希望通过构建新型大国关系稳定与其他大国的关系，巩固大国外交成果。

最后，主动承担大国责任。大国不仅意味着权力与权利，还意味着责任与义务。国际责任可分为多个层次或方面，如基础责任、有限责任和领袖责任等①。作为一个发展中大国，中国面临诸多发展问题和困难，但中国并未回避应有的国际责任，而是更加积极主动地承担大国责任。在援助非洲抗击埃博拉方面，中国不仅为非洲疫区提供了数亿元人民币的资金援助，而且派出多批医疗专家组。中国还承诺，只要非洲还有埃博拉疫情，中国的援助就不会停止。在应对全球气候变化方面，中国不仅主动明确减排目标和时间表，而且宣布出资 200 亿元人民币建立“中国气候变化南南合作基金”，支持其他发展中国家应对气候变化，包括增强其使用绿色气候基金的能力。在打击恐怖主义方面，中国不仅严厉打击国内恐怖主义势力，而且积极参与国际反恐行动。2015 年 7 月，中国派专机将 109 名“圣战”偷渡分子遣返回国。2016 年 4 月，习近平主席在出席第四届核安全峰会时提出反对核恐怖主义的主张，即源头管控要严、应对手段要新、应急响应要快、法律法规要全。在促进发展中国

---

① 金灿荣等. 大国的责任. 北京：中国人民大学出版社，2001：3-5.

家发展方面，中国不仅主导建立亚投行、设立丝路基金，而且在联合国发展峰会上宣布一系列支持发展中国家发展的措施，包括设立“南南合作援助基金”，首期提供 20 亿美元；继续增加对最不发达国家的投资，力争 2030 年达到 120 亿美元；免除最不发达国家、内陆发展中国家、小岛屿发展中国家的政府间无息贷款债务。此外，2015 年 12 月，中国宣布与非洲的“十大合作计划”，并决定向非洲提供 600 亿美元的资金。上述事例表明，中国基于责任意识，主动承担大国责任，彰显了负责任大国的形象。

第二节　在传统与现代中兼容

印度文豪泰戈尔说过：“古老的种子，它生命的胚芽蕴藏于内部，只是需要在新时代的土壤里播种。”从某种意义上说，这句话可以用来说明传统与现代的关系。也就是说，传统要在现代中发展，而现代是在传统中成长。囿于传统是愚昧，摒弃传统是无知，传统与现代应相辅相成。在中国，传统历史文化源远流长，现代变革发展日新月异，中国外交体现了传统与现代思想融合的特点。

传统是从历史沿袭下来的思想、文化、道德、风俗、制度以及行为方式等。中国拥有五千多年的悠久历史，传统文化底蕴深厚，它对中国的外交理念和政策产生了重要影响，中国外交的许多思想、倡议和政策都可以从中国传统文化中找到依据。例如，和平、发展、合作、共赢的理念可以追溯到传统文化中的和合观，正确义利观、命运共同体意识、大国责任意识，体现了义利观、王道论、道义观的影响。综合来看，十八大以来中国外交的传统文化渊源主要体现在以下几个方面。

第一，和合观。“和合”思想是中国传统文化的重要价值理念之一，涉及自然、社会、个人身心、人际关系及人类思维等诸多方面。一方面，“和”具有和睦、和谐、和平之意。西周时期，思想家史伯提出“和实生物，同则不继”（《国语·郑语》）的观点。在这里，“和”指不同事物相互调和，以此促进繁荣和发展；“同”指同类事物的聚合，结果是无所成就。根据这一理解，“和”被用于不同领域，表达不同的含义。《易传》写道：“乾道变化，各正性命，保合太和，乃利贞。”① 这里的“和”用在自然和社会领域，指调和之意。孔子强调：“君子和而不同，小人同而不和。”（《论语·子路》）这里的“和”指个人品行，是和谐的意思。孔子还说：“礼之用，和为贵。”（《论语·学而》）这里的“和”指个人品行方面，意为和平。《尚书》写道：“百姓昭明，协和万邦。”这里的“和”指诸侯国之间的关系，表示和顺。另一方面，“合”具有结合、合作、融合的含义。老子主张，“天人合一”“万物一体”，体现了顺应法则、和谐相处的思想。这里的“合”指结合、融合。王充提出：“天地合气，万物自生，犹夫妇合气，子自生矣。”（《论衡·自然》）这里的“合”指融合、结合。由此可见，中国传统文化中的“和合”思想倡导个体身心和谐、人际关系和谐、社会和谐、国际关系和谐、人与自然和谐，要求人与人之间、人与社会之间、国与国之间和睦、和平、融合、合作，因而成为许多中国外交理念和政策的思想基础。

第二，义利观。“义利”思想是中国传统文化中关于个人伦理道德的准则，古代先贤将个人伦理看作修身齐家治国平天下的基础。儒家文化提倡“仁”“爱”思想，由此形成“礼”“义”“信”等道德规范。孔子主张把“义”作为首要的道德标准，提出“君子义以为上”“君子喻于义，小人喻于利”。孔子很少提到“利”，但他不否定“利”，主张人们脱贫求富贵，要通过合乎“义”的手段获得。例如：“富与贵，是人之所欲也，不以其道得之，不处也。贫与贱，是人之所恶也，不以其道得之，不去也。”（《论语·里仁》）孟子进一步发展了孔子的义利学说，把“利”分为百姓之利、大夫之利和君主之利，主张重义轻利、先义后利。孟子认为“义”应该是君子始终遵守的道德规范，提出“穷不失义，达不离道。穷不失义，故士得己焉；达不离道，故民不失望焉”。孟

① 周振甫. 周易译注. 南京：江苏教育出版社，2006：37.

子认为，处理君臣、父子、兄弟关系时，必须依靠“义”而不能仰仗“利”，否则最终会导致国破家亡。孟子说：“为人臣者，怀利以事其君；为人子者，怀利以事其父；为人弟者，怀利以事其兄，是君臣、父子、兄弟终去仁义，怀利以相接，然而不亡者，未之有也。”（《孟子·告子下》）由此可见，传统文化中的这种义利观，不仅强调个人品性修养，而且也适用于国家层面，甚至可以用于国际关系领域，这成为中国发展与周边国家和发展中国家关系的理念与政策的重要文化和思想渊源。

孔子画像

第三，王道论。“王道”是儒家文化提倡的治国理政的理念与方法。“王道”一词最早见于《尚书》：“无偏无陂，遵王之义；无有作好，遵王之道；无有作恶，遵王之路。无偏无党，王道荡荡；无党无偏，王道平平；无反无侧，王道正直。”（《尚书·洪范》）实际上，王道思想源于“德”和“礼”，属于国家层次的伦理道德。西周统治者反思商朝灭亡的教训，认为统治者的命运取决于自身道德的表现，提出“敬德”“保民”“尚礼”等思想。管子认为国家道德对于国家存续至关重要，提出“国有四维，一维绝则倾，二维绝则危，三维绝则覆，四维绝则灭……何谓四维？一曰礼，二曰义，三曰廉，四曰耻”；“四维不张，国乃灭亡”（《管子·牧民》）。孔子发展了周礼，倡导“仁”和“四海之内皆兄弟也”（《论语·颜渊》），提出“信”的道德规范，认为“信”就是“仁”。墨子主张“兼爱”“非攻”，如“爱人，待周爱人，而后为爱人”（《墨子·小取》）；“大不攻小也，强不侮弱也，众不贼寡也，诈不欺愚也，贵不傲贱也，富不骄贫也，壮不夺老也”（《墨子·天志下》）。孟子提出“君子以仁存心，以礼存心。仁者爱人，有礼者敬人”（《孟子·离娄下》），主张实行“仁政”，并辨析了“霸道”与“王道”，即“以力假仁者霸”“以德行仁者王”（《孟子·公孙丑上》）。在荀子看来，“天下归之之谓王”（《荀子·正论》）。因此，“王”是能吸引天下人追随、归顺的人；“道”即“路”，可引申为原则、规矩；“王道”指“王”在政治生活中要遵循的原则、规矩和当然之理。尽管“王道”是中国传统文化针对古代统治者个人品德和统治方式提出的治国理政思想，但它对当代中国外交产生了深远影响，也是十八大以来中国外交新倡议和新主张的思想基础。

第四，道义说。“道义”指道德义理或道德和正义。在周朝时期，“道义”主要用来描述社会共识的最高规范，如“会其什伍而教之道义”（《周礼·天官·宫正》）；“圣王之身，治世之时，德行必有所是，道义必有所明”（《管子·法禁》）；“等道义，立卒伍，定行列，正纵横，察名实”（《司马法·严位》）；“志意修则骄富贵，道义重则轻王公；内省而外物轻矣”（《荀子·修身》）。秦汉时期，道义观的思想不断发展，并逐步成为某种意识形态的建构，主要包括董仲舒的政治道义观、司马迁的历史道义观和盐铁专卖辩论中的国家道义观。董仲舒在解释《公羊春秋》时，希望从中找到大一统之道。他认为天道、地道、人道相辅相成，人道之本在于“义”，而“义”是人与人相处的法则。司马迁以“道”审视“天人之际”，以“义”审视“古今之变”。他认为，只有重新建立王道才能让社会重回正轨，这个“王道”不是简单地实行“仁政”，而是确立一个足以明辨政治是非、判断秩序得失的价值观，以此作为解释历史的依据。汉昭帝时期的盐铁专卖辩论体现了国家道义的含义：在经济方面，国家应该实现国富与民富的平衡；在对外方面，国家对战与和的选择应该符合道义；在治理方面，国家应该综合使用德治与法治手段①。道义思想推崇道德和正义，适用于国家对内治理和对外交往，因而成为当代中国外交的重要思想来源。

现代与传统相对，体现时代特征，指一种持续进步、合乎目的性、发展的时间观念。这在客观上要求社会和国家的转型，由传统社会/国家转变为现代社会/国家。在进行现代国家构建的过程中，需要坚持现代国家的基本原则，顺应时代发展的趋势。在外交领域，中国的现代国家构建夙愿主要体现为实现中华民族伟大复兴的中国梦；作为一个独立主权国家，中国坚定地维护国家独立性和完整性，防止外来侵略；为了实现国家的真正独立和富强，中国坚持外交为经济建设服务的方针，顺应全球化趋势，大力开展经济外交。

首先，实现现代国家的夙愿。近代以来，西方在经济和科技发展的推动下实现国家转型，逐步建立现代国家并走向对外扩张之路；积贫积弱的中国饱受欺凌，中国一代又一代有识之士开始探索富国强兵之道，试图实现国家转型。如美国历史学家孔飞力所言："现代国家在中国产生是革命与变革的结果，并受到了外部世界种种力量的影响。"② 从林则徐、魏源等地主阶级改革派的"开眼看世界"与"师夷长技以制夷"到洋务运动的"中体西用"与"自强、求富"，从农民阶级自下而上的太平天国运动到统治阶级自上而下的戊戌变法，中国人在帝制体制内探索现代国家转型的各种改良道路都失败了。辛亥革命推翻了封建帝制，孙中山领导的资产阶级民主革命部分地实现了建立现代国家的目标。五四运动之后，马克思主义在中国的传播催生了中国共产党，中国共产党领导中国人民完成了新民主主义革命，建立了新中国，并使新中国初步具备了现代国家的基本特征。经过几十年的发展，中国现代国家建设取得巨大成就，但在经济建设、民主法治建设、社会建设、国防外交建设等国家治理领域仍面临繁重的发展任务。因此，中国领导人提出实现中华民族伟大复兴的中国梦，"中国梦自始至终包含着现代化的诉求，包含

---

① 曹胜高．西汉道义观的学理形成．古代文明，2015（3）．

② 孔飞力．中国现代国家的起源．北京：三联书店，2013：1．

着以现代化的方式使国家强大和人民富裕起来的强烈愿望”[①]。中国梦主要是对国家发展阶段性目标的一种描述，但它蕴含着国内和国际双重视野。习近平主席指出，中国梦是和平、发展、合作、共赢的梦，“中国梦与中国人民追求美好生活的梦想是相连的，也是与各国人民追求和平与发展的美好梦想相通的”[②]。

其次，坚持主权原则的决心。国家主权是现代民族国家的基本属性和最重要的国家利益，坚持主权原则是各国交往的基本原则。从理论的角度看，现代主权始自布丹的绝对主权论，强调主权的绝对性、永久性和超越性；卢梭提出人民主权的概念，强调主权的神圣性、契约性和人民性。从实践的角度看，欧洲国家1648年签署的《威斯特伐利亚和约》首次从国际条约的角度确认了国家主权、国家领土和主权平等为国际关系的基本原则；美国1776年发布的《独立宣言》把人民主权与民族独立问题结合起来，认为各民族之间是独立平等的，享有生存权、自由权和追求幸福的权利；法国1789年发布的《人权宣言》明确宣称主权属于国家，其宪法规定互不干涉内政。由此可见，国家主权具有双重含义，对内指国家的最终决策层具有最高权威，对外指主权平等和主权独立。在外交领域，主权国家必然坚持主权平等和主权独立原则。一方面，主权平等原则指主权国家在国际法律上的地位、权利和义务是平等的。根据联合国大会1970年通过的《国际法原则宣言》，主权平等原则包括：各国法律上一律平等；各国均享有主权的固有权利；各国均有义务尊重他国的国际人格、国家的领土完整及政治独立不受侵犯；各国均有权利自由选择其政治、经济及文化制度；各国均有责任善意履行其国际义务，并与其他国家和平相处。另一方面，主权独立原则指主权国家独立于其他任何国家和组织之外，坚持不干涉内政原则。作为独立主权国家，中国必然坚持主权原则，坚持国家领土主权与合法权益不可侵犯，以和平共处五项原则为处理国际关系的基本准则，这对于中国外交

---

① 吴晓明. 脚踏实地地实现“中国梦”. 中国社会科学报，2013-03-29.

② 习近平会见21世纪理事会北京会议外方代表. 人民网，2013-11-03.

实践具有重要的指导作用，主要表现为坚持领土主权原则。

最后，顺应经济全球化的意识。经济全球化是对世界经济关系发展的一种概括性描述，指世界经济活动超越国界并通过对外贸易、资本流动、技术转移、提供服务、相互依存、相互联系而形成的全球经济整合的过程。关于经济全球化的起点，学术界有不同的看法，有的认为经济全球化始于 15 世纪的欧洲，标志是海上新航线的开辟与地理大发现，它导致了贸易国际化；有的认为经济全球化的起点是 18 世纪，标志是资本主义工业革命，它开辟了人类活动的新时代；也有人把经济全球化的开始时间定为 20 世纪。经济全球化是当代世界经济的重要特征之一，也是世界经济发展的重要趋势，具有突出特点和巨大影响。通常而言，经济全球化以市场经济为基础，以先进科技和生产力为手段，以发达国家为主导，以最大利润和经济效益为目标，通过分工、贸易、投资、跨国公司和要素流动等实现各国市场分工与协作、相互融合的过程。经济全球化有利于资源和生产要素在全球的合理配置，有利于资本和产品的全球性流动，有利于科技的全球性扩张。然而，经济全球化是一柄双刃剑，既是各国实现快速发展的机遇，也为各国带来风险和挑战。作为一个后发大国，中国需要实现跨越式发展，因而积极拥抱经济全球化。一方面，中国通过加入世界贸易组织融入西方主导的经济体系，大力发展自由贸易；另一方面，中国不仅希望参与全球经济治理和经贸领域的规则制定，而且努力倡导建立公平合理的国际政治经济新秩序，以保障公平有效的国际竞争。这种积极顺应经济全球化发展趋势的意识，对中国外交政策和实践产生了重大影响。

第三节　在本土与外来间并蓄

清末政治家林则徐说过：“海纳百川，有容乃大。”这种宽阔的胸怀和包容的气度，不仅适用于指导人生，也适用于对待未来思想和文化。自古以来，中华文化具有极强的包容性。一方面，中国在与其他国家或民族的交往中求同存异，不断增强对其他文化的正确理解；另一方面，中国在与其他国家或民族的交往中兼收并蓄，不断吸收借鉴其他文化的积极成分。正是基于这种开放包容的态度与胸襟，中华文化才能够历经数千年而流传至今。新中国成立以来，以马克思主义为指导思想的中国共产党成为中国事业的领导者和执政党，中国领导人将马克思主义与中国实际相结合，产生了一系列中国化的马克思主义理论成果，使马克思主义思想内化为中国文化的一部分。不仅如此，中国还批判地借鉴吸收其他西方思想和文化，使之为我所用。

本土文化并非传统文化，它是经过本民族的习惯和思维方式的重新阐释而形成的各种文化的结晶。形成本土文化的基础是本国的客观实际。当代中国的基本国情是，中国是中国共产党领导的社会主义国家，中国仍处于并将长期处于社会主义初级阶段，中国的主要矛盾是人民日益增长的物质文化需要同落后的社会生产之间的矛盾，中国是世界上最大的发展中国家。这表明，中国必须加快建设中国特色社会主义，总任务是实现社会主义现代化和中华民族伟大复兴。面对这一历史任务，“四个自信”、和平外交、“发展才是硬道理”等原则和认识，对当前中国外交具有重要意义。

第一，“四个自信”原则。十八大报告指出，对于“两个一百年”奋斗目标，全党要坚定道路自信、理论自信、制度自信。十八大以来，习近平多次提到文化自信，如：“增强文化自信和价值观自信”；“增强文化自觉和文化自信，是坚定道路自信、理论自信、制度自信的题中应有之义”；“中国有坚定的道路自信、理论自信、制度自信，其本质是建立在 5 000 多年文明传承基础上的文化自信”；“坚定中国特色社会主义道路自信、理论自信、制度自信，说到底是要坚持文化自信”；“文化自信，是更基础、更广泛、更深厚的自信”。在当代中国，做好一切工作的前提是尊重基本国情。中国外交工作必然也要遵循“四个自信”原则，坚持中国共产党的领导和中国特色社会主义，坚持我国的发展道路、社会制度、文化传统、价值观念；坚持独立自主的和平外交方针，坚持把国家和民族发展放在自己力量的基点上，坚定不移走自己的路，走和平发展道路，同时绝不放弃我们的正当权益，绝不牺牲国家核心利益。十八大以来，中国提出“中国特色大国外交”的理念，要求体现中国特色、中国风格和中国气派。正如王毅外长所说：“中国特色大国外交，旨在走出一条与传统大国不同的强国之路。中国特色，首先是旗帜鲜明地维护得到中国人民广泛拥护的社会制度和政权属性，始终不渝地坚持中国共产党的领导和中国特色社会主义。这是中国外交的根基所在。第二要坚持独立自主和平外交方针、和平共处五项原则以及不干涉别国内政等优良传统，同时要与时俱进，不断对此加以完善、丰富和发展。第三要坚持主持公道、伸张正义、践行平等等特有理念。第四要坚持为国内发展和改革开放服务的第一要务。”① 因此，当前的中国特色大国外交思想与坚持“四个自信”、尊重中国国情完全一致，是对中国外交实践的直接指导。

第二，和平外交思想。中国的和平外交原则与传统文化中的“和合”思想有关，更与中国坚持的马克思主义指导思想密不可分。马克思恩格斯从阶级斗争的角度指出，要将维护国际和平与无产阶级革命结合起来，将实现永久和平与人类社会进步统一起来。列宁和斯大林既提倡维护和平共处，又希望推动社会主义事业走向全面胜利。新中国成立后，坚定不移地奉行独立自主的和平外交理念和政策。中国首部宪法规定，我国在国际事务中的坚定不移的方针是为世界和平和人类进步的崇高目标而努力。1985 年，邓小平明确指出时代的主题是和平与发展。十六大报告明确指出：“中国外交政策的宗旨，是维护世界和平，促进共同发展。”② 中国奉行的独立自主和平外交理念以和平共处五项原则为基础，与世界各国发展友好合作关系，既维护中国人民的根本利益，又促进世界各国人民的共同利益，实现互利共赢。具体而言，这种友好合作的主要内容包括：与周边国家发展睦邻友好关系，处理好与世界大国的

---

① 王毅．中国特色大国外交旨在走出一条与传统大国不同的强国之路．（2014－12－24）．http://news.xinhuanet.com/world/2014－12/24/c_1113760970.htm.

② 中共中央文献研究室．十六大以来重要文献选编（上）．北京：中央文献出版社，2006：36.

关系，加强与发展中国家的团结与合作，积极参与多边外交①。和平外交思想和理念指导了新中国外交实践，对十八大以来的中国外交也具有重要影响。中国对周边国家和发展中国家提出的四字箴言，以及中国对大国提出的“新型大国关系”倡议及相关实践，都充分说明了和平外交思想对当前中国外交的影响。此外，针对当下流行的所谓“修昔底德陷阱”的说法，中国领导人明确阐明了中国的立场和态度。自 2014 年以来，习近平在多个场合强调：“中国没有殖民和侵略的传统”；“中国人的血脉中没有称王称霸、穷兵黩武的基因”。这些鲜明的态度表明中国走和平发展道路的决心，同时也体现了和平外交理念的影响。

中国外交部部长王毅

第三，“发展才是硬道理”的认识。“发展才是硬道理”是邓小平 1992 年南方谈话中提出的一个重要认识。根据马克思主义政治经济学和历史唯物论，生产力与生产关系的矛盾运动是人类社会发展的根本动力，物质资料的生产是人类社会存在和发展的基础，提高生产力是人类社会发展的不竭动力。如前所述，中国当前的主要矛盾是人民日益增长的物质文化需要同落后的社会生产之间的矛盾。解决这一主要矛盾，需

① 饶银华. 世纪之交中国外交思想与实践研究. 北京：中央文献出版社，2007：94-98.

要不断发展生产力，这是社会主义初级阶段的根本任务，也是“发展才是硬道理”的理论依据。从实践的角度看，中国近代历史证明“落后就要挨打”，发展才能强大；“文化大革命”和极左错误使中国偏离了经济建设的核心任务，社会发展停滞；拨乱反正和改革开放使中国重新回到以经济建设为中心的轨道，生产力获得极大提高。正是基于中国的经验教训，邓小平做出“发展才是硬道理”的判断。然而，这一认识不仅适用于中国，也适用于世界各国。从内涵的角度看，“发展才是硬道理”指要保持一定的经济发展速度，发展的目标是实现共同富裕。保持不断发展，有助于解决中国面临的问题，体现社会主义优越性；中国发展带动周边国家的发展，有助于实现共同发展，为世界和平与稳定做出贡献。这一认识对中国国内发展起到重要的推动作用，也对中国外交的思想和实践产生重要影响，主要体现在和平、发展、合作、共赢理念和“一带一路”倡议中。

外来文化指非本民族在其历史发展过程中创造和发展起来的，通常指正在融入一个民族或国家内部，并与其社会和文化发生作用的其他思想和文化。在一个开放多元的时代，随着全球化的深入发展，各种思想与文化会在世界范围内传播与激荡，中国显然也无法置身事外。对于外来思想与文化，中国历来持开放包容的态度和批判借鉴的立场，不仅从全球化的视角重新审视传统文化和本土文化，而且积极借鉴和融合有益的外来文化。在政治思想方面，中国吸收借鉴了一些西方文化，加强了自身的国际规则意识、平等与正义思想和政治参与意识。

首先，国际规制意识。国际规制是 20 世纪 70 年代开始出现在国际政治研究中的一个概念，尽管目前已经得到广泛使用，但其定义并不统一。国际规制主要有三种界定：一是“模式化的行为”①；二是“明确的指令”②；三是“汇聚的规范和预期”③。无论如何界定，国际规制的基本

① HAGGARD S, SIMMONS B A. Theories of International Regimes. International Organization, Vol 42, No. 4, 1987: 492.

② Ibid. p. 495.

③ 皮埃尔·德·塞纳尔克朗. 规制理论与国际组织研究. 国外社会科学，1994 (4).

含义是指要求各国遵守的行为规范。从本质上看，国际规制的主导权取决于各国实力对比及各国国际地位，体现了国际关系中的权利与义务。改革开放之后，尤其是 21 世纪以来，中国保持经济快速发展，综合实力不断增强，国际地位日益提高。在这种背景下，中国参与国际规则制定的意识、意愿和能力也有所提高，进而从排斥国际体系转变为融入其中。在逐步融入国际体系的过程中，中国先学习、熟悉和接受国际规制，然后运用国际规制维护自己的合法权益，最后开始参与制定国际规则。中国增强国际规制意识不仅是实力提高的结果，也得益于主动维护自身权益的主观愿望。国际规制对各国的行为具有约束作用，可以降低交易成本，稳定预期，减少不确定性，并影响国家间合作收益的分配。十八大以来，中国积极参与国际规则制定，提升国际话语权。例如，中国主导创建亚投行，参与建立金砖银行，在世界银行和国际货币基金组织争取更大份额和代表权。

其次，平等与正义思想。在西方社会，平等与正义是一对密切相关的概念。文艺复兴以来的政治运动大多是平等主义政治运动，不仅消除了等级制度和阶级特权，还逐步取缔了一些不平等的社会规范。约翰·罗尔斯把平等诉求延伸至经济分配领域，称之为分配正义或社会正义，进而使平等与正义联系起来。社会正义首先表现为机会平等，主要指人们竞争工作岗位的机会平等。社会正义还表现为人生状态平等，如人们在资源方面的平等。此外，社会正义也体现为福利平等和能力平等。西方的平等思想是要从根本上阻止或消除由人为原因导致的各种不平等或歧视。西方学者认为，如果人们拥有获取最大化利益的权利并得到这些利益，那就实现了所有人得到最大限度的平等福祉的理想；机会平等旨在帮助人们得到利益、实现个人更宽泛意义上的福祉，反映了一种美好的社会和政治理想。平等与正义是衡量美好社会的标准，也是评价社会政治文明的标尺。构建美好社会不仅是西方的愿望，也是中国始终追求的目标。在国内建设中，中国倡导全面建成小康社会，致力于建设民主法治、公平正义的社会主义和谐社会。在国际领域，中国倡导国家关系民主化、法治化、合理化，具体表现为构建公正合理的国际政治经济新秩序，完善不合理的全球治理机制。

最后，政治参与意识。政治参与和西方民主理论相伴而生，是民主政治的重要组成部分。由于西方民主理论经历了漫长而复杂的发展演变过程，其对政治参与的认识和理解也不尽相同。西方民主理论发源于古希腊的城邦政治，但在古罗马时期逐步消失。文艺复兴和启蒙运动之后，西方民主理论获得较大发展，卢梭等思想家提出自由、平等、人权、主权在民等政治口号，孟德斯鸠提出“三权分立”的思想，约翰·密尔提出代议制理论。19 世纪之后，人们发现民主的理想与现实之间存在巨大落差，西方民主理论遭到各方批评。西方政治思想家提出以精英主义和多元主义为代表的自由主义民主理论和参与民主理论，哈贝马斯、罗尔斯等人又将参与民主理论发展为协商民主理论。关于政治参与，精英民主理论认为，参与选举投票是公民参与政治的唯一实现方式；多元民主理论认为，参与投票不能完全满足公民的政治参与，公民还可以通过非选举性参与方式尤其是通过利益集团影响政府决策过程。参与民主理论强调公民有权利和机会参与公共政策的决策过程，但没有解答如何实现这种参与。20 世纪末兴起的协商民主理论强调所有利益相关方有权利就决策前的讨论进行广泛、平等、充分的对话和协商。西方民主理论中的政治参与理念对中国的内政外交产生了一定影响。一方面，中国坚持马克思主义理论，强调人民群众参与政治的真实性和广泛性；另一方面，中国在本国历史经验和实践的基础上，吸收借鉴了西方民主理论中的协商民主思想。因此，政治参与思想对当代中国具有明显影响，在国内政治中选举民主和协商民主并存，对外表现为主张国际关系民主化、法治化、合理化，推动改善重要国际组织中代表权不合理的状况。

第 10 章

中国外交的十年展望

10 中国外交的十年展望

“忆往昔峥嵘岁月稠，看今朝旖旎风光秀。”以往的外交实践告诉我们，中国外交必须立足于中国国家利益，立足于中国综合国力，为国内社会经济的可持续发展保驾护航，不断维护一个和平稳定的国际环境。只有国家强大了，外交可利用的资源才会增多，国际空间才会不断拓宽。

随着21世纪初中国加入世界贸易组织，中国的经济逐渐驶上了“快车道”。2010年，中国的名义GDP超越日本，成为世界第二大经济体。2015年末，中国的GDP达到67.67万亿元人民币，位居世界第二，也成为世界上第二个GDP超越10万亿美元的国家。展望未来，由于中国产业转型尚未完成，经济崛起仍有较大的发展潜力，我们有理由相信，世界不仅将在未来5～10年内很快见证中国的名义GDP超越美国，成为世界头号经济大国；而且由于中国规模庞大，人口是美国的4倍多，在经济体制方面中国既学习了西方市场经济的诸多优点，又继承了中国特有的高效管理模式，中国如果能够继续提升人均生产率的话，经济总量应该还会扩大，即便是保守估计，中国也会继续朝着美国GDP的两倍快速迈进。

中国的崛起可能会带来外部世界短期的不适应。有些国家长期奉行“霸权主义”，见不得别人发展壮大，对中国崛起充满了“羡慕嫉妒恨”。有些国家则热衷于渲染“中国威胁论”，认为中国会破坏地区秩序甚至世界和平。当然，中国崛起过程中还伴随着非传统安全风险增多，海外利益扩张又使维护难度加大。此外，一些鼓吹“独立”的势力始终是中国“心头之刺”，必须妥善应对。总之，这些问题是客观存在的，如果应对失当，那么不仅影响中国的国际形象，而且会影响我们国内的和平发展。

中国的崛起不仅带来中华民族的荣耀，更是中国对人类的贡献。首先，未来中国需要处理好国内的各种发展问题，正确处理稳定与发展的关系，让国人共享和尽享改革的胜利果实。其次，中国将逐渐向世界展示负责任的大国形象，世界将因中国的参与变得更加和平、稳定和繁荣。最后，中国的转型是全方位的，中国在国际上扮演的角色也需要有进一步的提升。当然，中国的转型是长期的，不存在一蹴而就的捷径，因此也需要国人和世人有一个逐渐适应的过程。

第一节 国内发展走向

中国近代以来没有哪个时期像现在这样接近中华民族的伟大复兴。1949 年新中国成立，中国人民从此“站”了起来；1978 年改革开放，中国人民逐渐“富”了起来。今天，在中国梦的引领下，中国人民正在重塑大国自信，昂首挺胸迈向强国之路。然而，改革开放之路从来就不是一帆风顺的，可以说，改革开放越深入，就越可能面临一些“深水区”的重大问题。为确保经济增长、社会稳定和继续开放，中国政府需要沉着冷静，平稳度过未来的“关键十年”。

（一）坚持改革，经济发展将机遇与风险并存

2015 年初，诺贝尔经济学奖得主约瑟夫·施蒂格利茨的“中国世纪说”曾轰动一时。他在其撰写的《中国世纪》一文中谈道：“中国经济以拔得头筹之势进入 2015 年，并很可能长时间执此牛耳，即使不能永久保持。中国已回到它在人类历史上大多数时间里所占据的位置。”① 这样的说法也先后在国际货币基金组织和世界银行的报告中有所体现。然而，中国“听众”却并未因此志得意满，反而更加谨慎小心，因为今天的中国改革已进入“攻坚期和深水区”，改革和发展面临一系列突出矛盾和挑战，需要解决的问题也格外复杂。可以说，中国经济眼下正面临着国内外双重压力，中国政府和人民必须攻坚克难，砥砺前进，不容许有丝毫的退缩和避让。

从国内来看，经历了改革开放的近 40 年发展，中国当前正面临着一个“爬坡”的艰难局面。一方面，经济高速发展的难度越来越大，中

① 2015 年，世界进入“中国世纪”？.(2015-01-01). http://news.xinhuanet.com/politics/2015-01/01/c_1113848838.htm.

国经济学家们大多估计中国经济很难再保持7%以上的高速增长。正如国家发改委主任徐绍史曾提到的，国内经济下行压力仍然较大，企业盈利能力下降，市场预期不稳、信心不足，大企业投资意愿不强，中小企业经营困难、融资难融资贵问题突出①。而中国每降低1%的GDP，就有可能面临大量就业岗位的丧失；就业压力在不断增大，甚至会带来局部社会不稳定。另一方面，过去的高速增长同时也伴随着诸多社会问题的涌现，如贫富差距拉大、社会公平正义受到破坏、环境污染严重等，这些问题积聚已久，单纯追求经济增长而忽略其昂贵社会成本的发展道路将越来越难以走下去。

从国际来看，过去几年，我国发展面临的复杂严峻的国际环境并未得到显著缓解。从长期看，全球经济复苏艰难曲折，主要经济体走势分化。美国经济尽管已经回到危机之前，但是在消费层面并未明显提升，尤其是并未表现在外贸进口上；而欧洲深陷债务危机，除非经历重大改革，否则很难摆脱目前困境，英国脱欧成功给欧盟“雪上加霜”。可以说，中国眼下外部环境的不稳定、不确定因素，都会通过汇率、投资、贸易等渠道影响我国经济发展。

因此，中国未来十年经济发展难度显著增大。要想继续保持经济的健康发展，就不仅需要确保增长的持续性，还应该不断提升增长的质量。中国需要在以下五个方面积极作为：

第一，确保更加优化的经济环境。政府与市场的关系十分复杂，本质上，政府不直接参与市场行为，但却应该为市场提供公共服务以及各种优化的法律和制度保障。十八届三中全会审议通过的《中共中央关于全面深化改革若干重大问题的决定》明确提出：“紧紧围绕使市场在资源配置中起决定性作用深化经济体制改革，坚持和完善基本经济制度，加快完善现代市场体系、宏观调控体系、开放型经济体系，加快转变经济发展方式，加快建设创新型国家，推动经济更有效率、更加公平、更

① 在结构性改革攻坚中实现稳中有进——2016年中国经济展望.（2016-01-03）. http://news.xinhuanet.com/fortune/2016-01/03/c_1117650885.htm.

可持续发展。”换言之，政府既不能无所作为，又不能干涉过多，我们应当用好政府这只“看得见的手”，放开市场这只“看不见的手”，促进公平竞争的市场秩序，建立健全合理的收入分配制度、社会保障制度、就业制度，并提供必要的公共服务。

第二，促进发展模式的转变。自 1978 年改革开放至今，一些地区经济的发展总是偏重于“高消耗、高排放”的发展模式，导致了全国重点城市地带较为突出的环境问题，严重影响了民众的身心健康。“十三五”时期，中国将着力推进深化绿色发展理念并付之于行动，不但要求在产业选择、产业结构调整方面向低碳产业转变，而且要求在生产、流通、消费和产品回收处理全过程和全领域向低碳发展转变，建立起“高效益、低排放”的可持续、低碳化发展模式。当然，环境改善不能仅仅依靠各地经济发展模式的自觉转变，还需要加强执法整治力度。以京津冀地区为例，三地环保厅（局）2015 年 12 月签署了《京津冀区域环境保护率先突破合作框架协议》，明确以大气、水、土壤污染防治为重点，以联合立法、统一规划、统一标准、统一监测、协同治污等十个方面为突破口，联防联控，共同改善区域生态环境质量。

第三，加快产业结构的转型升级。当今世界，国际竞争突出表现在产业创新方面，哪些国家掌握了高端的创新产业，哪些国家就拥有更强的竞争力。当前我国正处于经济转型的关键节点，以创新推动产业升级是经济转型成功的必由之路。未来我国将加大力度扶持创新型人才，积极支持孵化初创企业的运营模式，释放产业发展原动力。以长江经济带建设为例，2016 年 5 月，国家发改委发出《关于建设长江经济带国家级转型升级示范开发区的通知》。文件指出，在拥有长江岸线资源的 11 个省、市中挑选出了 33 个开发区（平均 3 个），作为“长江经济带国家级转型升级示范区”。

第四，培育积极有效的国内消费市场。中国人口众多，市场潜力巨大，但是由于社会保障体系长期薄弱，再加上城市和农村之间失衡严重，因此，国内消费市场一直不太旺盛，“稳定积蓄以备不时之需”的传统观念仍然占据主流地位。尽管近几年已经出现了大批中国游客到海外尤其是日韩、东南亚等地“扫货”的现象，并因此凸显了国内产品质量和品牌的劣势，但出国者毕竟是少数，未来中国消费市场的潜力仍然巨大。未来中国如果释放出类似于美国的消费能力，那将成为世界经济长期发展的引擎。因此未来几年，在不断健全居民社会保障体系之后，中国居民消费能力将大大提升，中国未来消费市场将再次“惊艳”世界。

第五，继续拓展面向国际的自由贸易区建设。未来十年，中国政府将坚定地推进“一带一路”和区域全面经济伙伴关系的建设，二者是中国经济全球化战略的有效举措。中国必定要经历一个转型，从前几年的“世界工厂”向“更高端产业生产基地”转变。自由贸易区建设是加强中国与世界经贸联系的重要途径，为此，中国自“一带一路”倡议提出以来，在上海自由贸易区（2013 年）试点的基础上，于 2015 年又批准成立了中国广东自由贸易试验区、中国天津自由贸易试验区和中国福建自由贸易试验区，将其作为新时期改革开放的“试验田”。未来自贸区建设不仅会进一步促进中国与世界经济的接轨，而且将有助于中国在国际经济规则制定与竞争中赢得主导地位。

天津自由贸易试验区

我们有理由相信，虽然中国进入经济“新常态”之后增速放缓，但中国政策改革的潜力仍然很大，中国经济总量还有很大的提升空间。只要我们使经济运行维持在一定的合理区间，中国的经济崛起就一定可以实现。

（二）坚持开放，经济和社会的外向性将进一步增大

1949 年中华人民共和国成立之后，中国政府曾经选择性地对外开放，即实施“一边倒”政策，倒向了苏联社会主义阵营。但到了 1958 年以后，中苏关系急剧冷却。60 年代，中国外交实际上是越来越走向封闭。70 年代，中国外交视线开始转向美国，1971 年的“乒乓外交”和基辛格访华使中美关系的坚冰开始消除。1972 年，尼克松访华，中美关系逐渐向正常化的方向靠近，而且中国面向西方国家的大门逐渐打开。自 1978 年中国开始改革开放之后，中国虚心向世界先进国家学习，迄今近 40 年，中国成为当前国际秩序最大的受益者。

哈萨克斯坦代表团与中国企业家见面会

中国政府和人民深刻认识到，中国取得今天的成就既离不开改革，也离不开开放。中国的对外开放，尤其是中国对世界先进国家的开放，

引进先进的技术、管理经验和经营理念，使得中国的经济建设不断与国际接轨，中国也逐渐融入了国际贸易的大市场之中。世界更加宽阔了，我们也不得不放弃过去狭隘的、陈旧的管理理念，转型为更加开放的、富有竞争力的治理理念。

随着开放的深入，中国经济的外向性将进一步增大。除了虚心将世界先进技术和经验“引进来”，开放过程还包括中国企业“走出去”。早期的“走出去”，主要是中国在世界各地开设中餐馆、设立贸易公司代表处和对外承包劳务；现在的“走出去”已经进入 2.0 时代。近年来由中国企业发起的跨国并购此起彼伏，投资开发大型基础设施和工业园区逐年增加，资源开发、制造业投资、物流和金融等生产性服务业投资成为重点领域，高铁、核电、港口成为国际产能和装备制造合作的标志。中国已与哈萨克斯坦、巴西、马来西亚、埃塞俄比亚等国家签订了开展产能合作的框架协议或谅解备忘录；已成功加入欧洲复兴开发银行；与非盟开展的“三网一化”合作正在稳步推进，中国将助力非洲的工业化和城镇化。当然，中国现在的“一带一路”倡议更具国际视野，更能带动中国企业高质量地走出去。

此外，中国社会的外向性也将进一步增大。中国社会已经不再是一个封闭的、落后的社会，中国与世界的人员流动越来越频繁。民众可以通过网络媒体和亲身游历了解世界各地的治理，正是一些地区的长期战乱动荡使中国政府赢得了民众对维持稳定政策的支持。同样地，世界信息的便捷流通对我国政府的社会治理形成了各种压力。当然，中国政府也开始积极投入国际社会的治理之中。近几年，中国领导人积极出席联合国会议、二十国集团领导人峰会、亚太经合组织领导人非正式会议、上合组织峰会、金砖国家领导人峰会、东亚领导人系列会议等重大多边活动，凸显了中国的国际影响力在不断增大。

总之，中国的不断开放，是中国不断接受世界，也是中国不断影响世界的过程。中国的崛起使全世界受益，在这一过程中中国也将自身的发展理念等融入世界建设中。当然，中国并不是无限开放，而是渐进式、选择性地开放，以使得最终的开放符合中国社会经济发展的需要。

（三）全面实现小康，社会公平正义将得到有效保障

改革开放以来，随着社会经济发展不均衡的加剧，中国一些地方不仅屡屡出现“权大于法”的现象，甚至出现层出不穷的严重贪腐问题。而一些地方过于追求经济高速发展，忽视均衡、协调、可持续性，甚至于牺牲了不同阶层之间的公平性。此外，伴随着经济发展加速，民众所需要的住房、医疗、教育、养老、食品药品安全、收入分配、城市管理等方面问题日益凸显，严重雾霾天气即便是在全国政治中心北京也时有发生。所以，我们再也不能只重视 GDP 的增长，以严重的社会危机和环境危机为代价。绿色 GDP 不仅需要产业结构调整和相应法律法规体系的完善，更需要自上而下的政策实施和观念调整。当然，各种社会问题伴随着发展而来，也必须在发展中予以解决。

未来十年是中国政府必须直面问题的十年，为了实现全面建成小康社会的目标，中国需要在以下四个方面稳步推进：

第一，继续推进反腐败深入和从严治党，不断提升我党的民心支持和政府的公信力。2016 年 10 月，在十八届六中全会召开前夕，中央电视台特别推出了《永远在路上》大型反贪污腐败专题片。这部专题片采访了 70 余位国内外专家学者、纪检干部，此外还采访了十余名因严重违纪违法而落马的省部级以上官员，通过他们的现身说法来讲述“腐败落马”的心路历程，具有很强的警示和教育意义。十八大以来，中国共产党坚定不移地开展党风廉政建设和反腐败斗争，一批高官甚至是军队的重量级人物纷纷落马，这体现了我党反腐的决心和意志。十八届六中全会更是聚焦“全面从严治党”，审议通过了《关于新形势下党内政治生活的若干准则》和《中国共产党党内监督条例》，体现了我党严肃党内生活、严于律己的态度和有腐必反、有贪必肃的决心。

第二，继续坚持依法治国，维护社会公平正义和司法公正。改革开放初期属于社会转型期，由于法律法规体系不健全，再加上一些官员的党风政风存在不容忽视的问题，因此，全国各地出现了一些有法不依、

执法不严、违法不究的现象。此外，中国传统文化中漠视法律秩序的建设，普通民众不论是处理私事还是办理公事总习惯于依靠人际关系、推崇“人治”，这也无形之中助长了违法乱纪的行为。随着社会的不断发展，人民群众对法治的要求越来越高。我们要实现国家的长治久安，甚至于中华民族伟大复兴的中国梦，离不开全面依法治国。同时，依法治国也是提升中国国际影响力和吸引力的重要举措。

第三，继续大力保障和改善民生，确保社会稳定和长治久安。保障民生是社会主义国家的本质属性。1978 年我国实行改革开放就是为了不断满足人民群众日益增长的物质文化需要。长期以来，“全心全意为人民服务”一直是中国共产党的根本宗旨。今天习近平总书记提到的中华民族伟大复兴的中国梦，就包含了国家富强、民族振兴、人民幸福，人民幸福是党的各项政策的重要归宿。当前中国政府正着力做好两件大事：一是在 2020 年，使 2014 年底的 7 000 多万农村贫困人口摆脱贫困，确保贫困县全部脱贫“摘帽”；二是在“十三五”期间，加速破除城乡区域间户籍迁移壁垒，1 亿非户籍人口将在城市落户，并进一步健全配套政策体系。我们相信，未来全面小康社会的实现，必将包含教育、文化体育、社保、医疗、住房等公共服务体系更加健全，基本公共服务均等化水平稳步提高。到那时，“劳有所得、病有所医、老有所养、住有所居”，一个走向共同富裕、更体现平等公正的中国将展现在世人面前。

第四，改善社会治理方式，提升民众参与。人民是国家的主人，中国共产党是“全心全意为人民服务”的政党。在计划经济时代，政府治理模式较为单一，政府习惯于管理民众，而民众则长期养成了服从政府、依赖政府的社会心态。改革开放至今，民众参政议政的积极性在不断提高，参与社会治理的能力也在不断提高。因此，中国政府要努力适应“治理”的角色，充分挖掘和利用民众的聪明才智。正如习近平总书记在省部级主要领导干部学习贯彻十八届三中全会精神全面深化改革专题研讨班开班式上所指出的，“必须适应国家现代化总进程，提高党科学执政、民主执政、依法执政水平，提高国家机构履职能力，提高人民群众依法管理国家事务、经济社会文化事务、自身事务的能力”。从长远来看，参与社会治理是唤醒广大公众公共精神和社会责任感的过程，参与将使民众有更多的获得感、自豪感和认同感，这也将有助于提高中国政府执政的公信力和支持度。未来中国将成为世界较为先进和发达的国家，中国的文化、发展模式和治理理念也将得到更多国家的追捧。

第二节　外部挑战及其应对

中国正在走向崛起，世界为之侧目。历史上，英国、荷兰、西班牙、法国、德国、日本等国崛起的过程中，都伴随着“修昔底德陷阱”的困惑，即崛起国以武力方式打破守成国的遏制。中国今天是否能够成为一个例外？武力对抗的代价无比巨大，中国智慧是否可以避开这样的下策？中国既要坚定维护自身的国家利益，又希望向世界传递和平的声音，各种挑战又该如何妥善应对？

（一）中美关系：新型大国关系

长期以来，由于美国在世界上举足轻重的地位，中美关系在中国外交中一直占有“重中之重”的地位。中国领导人十分重视中美关系，认为积极合作的中美关系有助于中国更好地融入国际秩序。然而冷战结束以来，美国曾一直将中国作为“潜在对手”加以防范，中美关系波折不断。奥巴马上台之后，大搞“亚太再平衡”战略，不仅在政治、经济和军事三个层面“经营亚太”，而且多处“点火”，恶化了中国周边环境。以 2016 年为例，美国在朝鲜半岛部署“萨德”系统，在南海怂恿“临时仲裁庭”通过了“南海仲裁案”，在东海问题上公开宣称钓鱼岛有事时美国会介入，在台海则对“倾向独立”的民进党暗中支持。在“三海一半岛”四处点火，美国言行让中国战略界警惕万分。乐观地说，中美双方经贸联系密切，再加上双方都是核大国，彼此都承受不起全面对抗的代价；但悲观地说，由于美国对中国的“战略防范”姿态不可能消除，更有美国通过主导北约不断“东扩”来消除俄罗斯影响力为鉴，所以，未来中美关系不排除迎来更加严峻的时刻的可能。

未来十年，中美的冲突有可能体现在三个方面。一是与双边利益相关的贸易问题、汇率问题、网络问题、技术转让问题等，美国对中国的经济崛起表示愤怒，但除谴责外又无好的办法。二是中国周边有可能成为美国“点火之地”，美国最希望的是拉上一群“小兄弟”来遏制中国。三是中国在国际舞台上的作用招致美国的极力反对。例如，当中国力推亚投行的时候，大多数西方国家表示支持，但是美国明确反对；再如，当中国区域全面经济伙伴关系发展壮大的时候，美国推出了跨太平洋伙伴关系协定，这明显是对中国进行搅局。

中国要沉着理性应对美国的挑衅。此时此刻的“韬光养晦”就是为了争取明天更大的“有所作为”。中国需要三管齐下来管控中美关系：第一，中国应当继续做大“中美的共同蛋糕”。中美的经贸联系需要加强，中美在世界各地的共同利益，譬如全球气候利益，也应该加强。第二，中美需要共同管控一些分歧。世界局势不可能完全朝着某一个国家的意愿去发展，即便是美国也难以实现。以朝核问题为例，美国需要中国的支持和帮助来维持朝鲜半岛的和平与稳定。第三，中美之间应该继续深化新型大国关系。对抗不符合双方的利益，世界和平与稳定才是两个大国的正确选择。新型大国关系实际上是中国治理理念为世界治理输入“新鲜血液”，中美可以共同防止“修昔底德陷阱”。

（二）周边关系：亲、诚、惠、容

中国周边国家与中国“比邻而居”，长期以来形成了比较紧密的经济贸易联系。然而，由于中国崛起的速度很快，再加上某些国家的蓄意挑唆，周边国家在一定程度上对中国在亚太影响力的上升以及中国对周边秩序的态度保持警惕。当前，周边国家在经济上依赖中国，但是在安全上对中国有所防范，这给了域外国家可乘之机。例如近几年来的南海，在美国等西方国家的怂恿下，菲律宾和越南不断升级与中国的对抗，给中国的周边安全带来很大的隐患。当然，2016 年的南海剧情呈现“先抑后扬”的态势。7 月的“南海仲裁案”即所谓“菲律宾控告中国案”，是菲律宾的阿基诺三世政府单方面提起的，完全是披着法律外衣的政治闹剧。最让中国不可接受的一点是“裁决结果”将南海视为“完全无岛屿”，这招致了海峡两岸的强烈反对。眼看“南海仲裁案”导致南海局势日益紧张，菲律宾新任总统杜特尔特采取了“外交大转弯”，令美国和日本大跌眼镜。杜特尔特从地区安全和菲律宾的长远发展考虑，一上任就积极谋划缓和中菲关系，并同时淡化美菲军事同盟。杜特尔特旋风般访问中国后，中菲关系迅速缓和，菲律宾渔民又可以去黄岩岛附近捕鱼了，这不得不说是地区和平发展的一个典范。但我们又不能忽视美国和西方国家的战略图谋。

未来十年中国周边关系仍有可能出现严峻挑战，不排除在美国等国家的怂恿下，出现部分国家与中国的对抗升级。如果这样的对抗是某一个“点”，那还比较好应对。但是如果是“多点共振”，美国则会趁机在国际上大造不利于中国的舆论，中国就有可能陷入较大麻烦。所以，中国的应对一定要未雨绸缪，预先化解中国周边可能的冲突点。

中国与周边国家的关系要整体规划，分别应对，促成其减少对域外大国的依赖，并不断强化与中国经济的协同发展。进一步说，中国最好的应对之道是继续加强与周边国家的利益联系。“亲、诚、惠、容”这四字箴言，是对多年来中国周边外交实践的精辟概括。这一理念也将中国与周边国家进一步连成休戚与共的命运共同体。此外，中国区域经济整合的两个“大手笔”，不论是“一带一路”倡议还是区域全面经济伙伴关系，都涵盖了周边相关国家，可以说，谁搭上中国崛起的“顺风车”，谁就有更快的经济发展，因此长期看，中国对周边国家的善意和诚意足以化解“中国威胁论”。

（三）“反独促统”：全局谋划

中国的边疆问题十分复杂，其成因和性质各有差异，但共同点是都有某些外部势力的介入，这导致其分离倾向加重。台湾问题的产生和“台独”的发展，是由于第三次国内革命战争和美国、日本的介入；香港的“港独”是由于长期以来西方“自由民主”意识形态的渗透；西藏的“藏独”是由于达赖喇嘛流亡海外后，不断迎合西方挑战中央；新疆分裂势力则是既与“东突”在世界活动猖獗有关，又与某些大国积极介入有关。以上各种“独立势力”的壮大甚至“合流”，严重影响了我国的主权和领土完整，也在一定程度上造成了边疆地区的动乱局势。随着中国的不断崛起，西方国家“亡我之心不死”，未来几年对各种“独立势力”的介入将不断加深，妄图将其作为遏制中国崛起的重要工具。对这些“独立势力”，我们既不能一概而论，更不能简单轻率应对。

面对日益复杂的国际局势，中国政府应该有更高的全局谋划、更强的战略定力、更妥善的政策配合。以习近平总书记对两岸关系的指示为例，他曾经提道：“从根本上说，决定两岸关系走向的关键因素是祖国大陆发展进步。”推而广之，中国边疆问题的解决一定要依靠中国国力的强大。当然，我们也应该有坚定的捍卫主权的意志和灵活的策略选择，对各个“独立势力”分而治之，不断强化国家主权。我们坚信，有祖国强大的国力做后盾，这些问题迟早会得到妥善解决。

未来几年，应对新疆分裂势力，中国政府除了加强对新疆的建设之外，还应当加强与相关国家（中亚国家、阿富汗、土耳其等）的交流和合作。一方面，我们应当以建设新疆的实际成效消除对中国政府的污蔑；另一方面，中国应当与相关国家加强沟通，敦促其消除新疆分裂势力滋生的土壤。应对“藏独”，中国政府除了继续加强西藏的经济建设和文化建设之外，还应当在国际舞台上广为宣传，尤其是应当借助西方的媒体平台来宣传西藏解放以来社会民生的巨大进步，消弭“藏独”分子散布的关于中国政府的谣言。应对“港独”，我们应软硬两手都要抓。不仅应当向民众做好“一国两制”的各种宣传和交流，揭露“港独”的危害；更应该举起法律的武器，针对一些“港独”人士的有害宣传进行有理有据的斗争。应对“台独”，中国大陆要做到“有理、有利、有节”，既与不承认“九二共识”的亲绿政党长期展开斗争，又要区别对待，对支持“九二共识”的政党与民众展开积极交流。

总之，中国政府一方面要有长期善意，促进更广泛的交流和沟通，寄希望于对人民工作的“开花结果”；另一方面又要坚定捍卫国家的主权和领土完整，不断展现坚如磐石的意志。此外，中国未来应当有目的地加强相关领域的学术和政策研究，尤其是针对西方话语权下的“分裂”理论的研究，做到高屋建瓴、针锋相对、有的放矢。我们要认识到，边疆分裂势力对我国主权和安全的挑战将长期存在。中国政府需要把握发展大势，即未来经过阶段性的发展之后，整个局势应当是朝着减少甚至切断其与外部的各种联系、朝着有利于统一的方向发展，而不是最后越来越远。

（四）非传统安全：强化合作

传统安全问题一般是指外部国家对本国主权与领土完整构成的军事威胁。非传统安全既包含非国家行为体对国家主权与领土完整构成的军事或非军事的威胁，也包含一国外部因素对其内部社会与人的威胁，这样的威胁有可能会威胁到地区与全球的发展、稳定和安全。非传统安全一般具有隐蔽性、多样性、不确定性、突发性、跨国性和全球性等特点。2011 年 9 月，中国国务院新闻办公室在《中国的和平发展》白皮书中对日益突出的人类共同的安全问题进行了归纳，包括恐怖主义、大规模杀伤性武器扩散、金融危机、严重自然灾害、气候变化、能源资源安全、粮食安全、公共卫生安全等。此外，近年来欧洲的移民问题以及因此产生的社会发展减缓、治安条件变差、种族冲突加剧等，也应该归属于非传统安全领域。

非传统安全议题既是全球化时代的产物，更是中国崛起必然的结果。从全球化的视角而言，各个国家在不断实现便捷的人员往来和资源配置之后，有可能造成“威胁”的外溢性不断增加。原先诸多问题可能是在一国内部发生，现在却有可能不断向外传播。从中国崛起视角而言，原先中国与世界的联系较为薄弱，类似于金融危机等对中国的威胁可以通过“砌上防火墙”来应对。然而，随着不断开放人员往来、资本流动和对外贸易，中国逐渐增强了一切社会经济活动的“外部性”，“大门”似乎不是“想关就能关得上”的。

中国政府十分重视非传统安全，2014 年 4 月，习近平在总结总体国家安全观时指出：既重视外部安全，又重视内部安全；既重视国土安全，又重视国民安全；既重视传统安全，又重视非传统安全；既重视发展问题，又重视安全问题；既重视自身安全，又重视共同安全。中国对于非传统安全的威胁，要大胆借鉴其他国家的做法，防患于未然。例如：针对恐怖袭击事件，中国应当做好各种应急反应机制，注意信息排查和反恐人员的集训；针对网络攻击事件，中国政府应当做好防火墙建设，提升中国网络管理部门应对突发网络事件的能力；针对金融危机，中国应当提升政府对金融体系的监管尤其是对突发资本流动的监管，此外，中国经济实力的上升以及外汇储备的增加可以抵消一定的金融风险；针对威胁中国安全的“三股势力”，中国政府需要多管齐下、综合施策，加强国家和地区合作，加大打击力度。

总之，非传统安全在当前的危害和突发性值得我国重视，而解决这些问题不仅需要加强国际合作，还需要国内多部门协同应对。

（五）海外利益：坚定维护

全球化时代，没有哪个国家仍然将国家利益限制于其疆域之内。企业要追求生产成本的低廉和市场区域的靠近，因此，走出国门寻求最优市场配置是诸多跨国公司的必由之路。中国对外开放之初，主要是引进国际化程度较高的跨国公司；但 21 世纪以来，随着我国海外贸易的增加以及人员的频繁流动，中国的国家利益分布越来越全球化，因此，相应的海外利益挑战也越来越大。

一个国家海外利益的挑战主要有如下三个方面：一是在国外生产企业的人员和物资的安全；二是国际贸易通道的安全；三是在外国驻扎的外交人员和使馆的安全。随着中国的崛起，中国外派人员和公司的数量急剧增加，海外安全保卫的难度增大，中国外交对海外安全保卫的侧重也在增大。未来中国政府将一如既往地坚定维护中国的海外利益，习近平多次强调要切实维护我国海外利益，不断提高保障能力和水平，加强保护力度。中国政府对海外利益的保护主要包括：一是外交支持。进入 21 世纪以来，中国政府广布外交网络，拓宽交流与合作渠道，减少树敌，为我国海外企业和人员的安全保护提供了重大的间接支持。二是军事维护。一国军事力量是国家安全的重要维护资源，从 2011 年利比亚撤侨、2015 年也门撤侨，到 2016 年 10 月营救被索马里海盗绑架的人质，再到近几年印度洋重要商船通道的护航，这一切都需要中国军事力量的积极参与。三是保护海外利益机制的建立。中国政府积极借鉴其他国家的相关事件，提前做好各种应急预案，统筹好各种涉外机构的资源安排。

随着我国综合国力的提升和外交空间的不断增大，中国海洋利益不断拓宽，中国政府坚定维护海外利益的举措也不断完善和充实。

第三节　新十年外交角色塑造

中国是一个文明古国，有辉煌灿烂的文化传统和兼容并蓄的价值理念。今天，当中国重新崛起之时，世界全球化程度加深，各地却危机重重，到处是失序无序现象。世界呼唤稳定，大国理应承担更多责任。未来十年，中国必将进一步适应“世界性大国”角色，在国际舞台上推行自己的治理理念，倡导人类命运共同体，为世界和平与稳定做出更大的贡献。

（一）定位转型：从地区大国到世界性大国

中国在 1840 年以后被迫“打开了国门”，但是并未马上融入世界。晚清一次次丧权辱国的战争，使得中国接受了“落后大国”的称谓。新中国成立之后，中国专注于发展重工业，但国民经济受到意识形态干扰较大。改革开放以来，中国埋头发展经济，希望摆脱落后。经过 30 多年的改革开放，中国的综合国力显著增强，对世界的影响力也得到很大提升。中国逐渐从虚妄的“天朝大国”转变为“地区大国”直至“世界性大国”。

中国是联合国安理会常任理事国之一，长期以来，中国承担了维护世界和平与稳定的国际责任。以 1990 年 4 月中国首次向联合国停战监督组织派出 5 名军事观察员为标志，中国正式开启了参加联合国维和行动的序幕。当前在安理会常任理事国中，中国是派遣维和人员最多的国家。从黎巴嫩到利比里亚，从马里到南苏丹，许多战乱冲突地区都出现了中国维和人员的身影。2015 年 11 月 16 日，中国首次成建制派出维和步兵营。中国赴南苏丹维和营 700 名官兵克服炎热、疫病、战乱等恶劣条件，从保护平民、城区巡逻到长途护卫，用每一天的行动，认真履行维和使命，守卫南苏丹这片土地的和平。此外，中国也是世界上最大的发展中国家，中国在减少和消除贫困、进行对外援助、促进世界人权事业的发展方面成果显著。

世界也应该适应中国的“世界性大国”属性。中国的崛起不应该被看作对地区秩序或者国际秩序的挑战，而是中国融入世界、积极为世界做贡献的友好尝试。以中国当前的国际经济参与为例，中国的“一带一路”和区域全面经济伙伴关系促进了中国周边地区经济联系的加强，中国倡议的亚投行之所以“一呼百应”，也是因为中国的出发点就是为了矫正不平等的经济发展秩序，并不是为了干涉别国内政或者掌控某个经济组织。当然，中国在被世界认同方面尚需要一个较长的过程。在 2016 年 9 月举办的二十国集团杭州峰会上，中国向世界展示了渴望为全球经济的提振做出更大贡献的大国形象，世界也终将认可中国的“世界性大国”地位。

（二）秩序营造：推进全球治理体系变革

中国之所以希望推进全球治理体系变革，是因为过去几十年，全球治理的理念和实践出现了大问题。20 世纪末，美国前国务卿基辛格曾豪情满怀地赞美道：“新千年即将降临之际，美国雄踞各国之上，哪怕是昔日最辉煌的帝国都望尘莫及。从武器装备到企业家精神，从科学到技术，从高等教育到大众文化，美国在全世界势压群雄。20 世纪的最后 10 年里，美国凭借自己的超强地位成为维护国际稳定的不可缺少的一个因素。”[1] 然而，仅仅过了十多年，曾经的“唯一超级大国”美国再难吹嘘“美国治下的和平”。21 世纪以来，美国前总统小布什秉持“单边主义”和“先发制人”，发动两场战争和启动“大中东民主计划”，使得世界各地纷乱不断。奥巴马八年任期结束，恐怖主义乃至“伊斯兰国”极端势力横行中东，现在美国不得不默许俄罗斯在中东的强力介入，就是一种无奈的表现。未来十年世界若仍只由美国主导，那么恐怕会成为过去十年的“翻版”。

美国的问题是其过于信奉“单边主义”，而欧盟当前却是另一番景象。欧盟各国经济不振、债务缠身，失业率普遍较高，青年对于未来较为迷茫。此外，欧盟对中东的介入使得中东已经成为“乱局之源”。欧盟与美国不同的是与中东“比邻而居”，因此中东一乱欧盟难以幸免，尤其是叙利亚的难民危机愈演愈烈，大量难民出走进入欧盟，成为欧盟各国难以承受之重。而英国脱欧公投的成功更是令欧盟的发展雪上加霜，未来欧盟会走向分裂吗？欧盟如何进行有效的治理呢？

当前世界各地区发展模式和治理模式受到西方文化和话语的影响极深。在世界范围内出现的社会分化和分裂现象表明这样的治理模式存在严重弊端。当世界两大引擎美国和欧盟深陷泥沼的时候，世界治理需要换一种视角，换一种理念。中国应运而生，代表了一种异于美欧的治理理念。中国是一个负责任的大国，希望为世界的和平与稳定出一份力。中国认为，世界的稳定应该是由各国协商来维护，诸多战乱之源首先是经济滞后导致的。

（三）价值创造：打造人类命运共同体

人类只有一个地球，各国共处一个世界，当今世界未必已经实现了共同发展，若是持续对抗，未来势必走向共同毁灭。近代以来，西方国家引领了人类从近代化到现代化的历程，但这个过程实际上只有少数人获益。在这个过程中，世界发展的不均衡在加剧，甚至于“贫者愈贫，

---

① 亨利·基辛格. 美国的全球战略. 海口：海南出版社，2009：2.

富者愈富”，贫富分化长期存在。由于一部分地区长期贫穷落后，因此恐怖主义、极端主义在这里滋生，并袭扰世界其他地区。因此，今天的诸多全球问题，要想得到根治，就必须摒弃以前那种“各人自扫门前雪”的做法。跨国界的问题越来越多，说明了人类只有联合起来才能治理这些问题。国际社会日益成为一个你中有我、我中有你的命运共同体，面对世界经济的复杂形势和全球性问题，任何国家都不可能独善其身，因此，要倡导人类命运共同体意识。

中国提出的人类命运共同体意识实质上根植于中国的传统文化观念。中国自古就有“世界大同”“天下一统”“己所不欲，勿施于人”“推己及人”“老吾老以及人之老，幼吾幼以及人之幼”等思想。“独善其身”不是一种负责任的态度，人类命运共同体实际上是将发达国家、发展中国家和欠发达国家的命运交织在一起。从人类命运共同体的视角，我们可以看到，不仅是全球的贸易、文化等交流在一起，更重要的是全球的繁荣与安全也联结在一起。因此，中国秉持人类命运共同体理论和推动构建以合作共赢为核心的新型国际关系。这个理念的核心在于“共同命运”和“合作共赢”，这是中国文化中“和”文化之精髓，也是中国的崛起最终赢得世界各国支持的制胜法宝。

后　记

党的十八大以来，以习近平同志为核心的党中央，面对国际国内新形势的深刻变化，以国家核心利益为“坐标”，以推动形成合作共赢的新型国际关系为主线，在保持外交大政方针连续性和稳定性的基础上，提出了一系列对外工作的新理念，并在外交实践中形成了新的风格，呈现出新的特点，更加突出以我为主，更加明确底线原则，更加显示灵活应变，更加重视周边外交，更加强调国际贡献，更加指向全方位，积极打造有中国特色的大国外交。外交理念和实践上的诸多创新表明，中国外交已发生了值得关注的重大变化，比如：从东向外交变成东西平衡；走出亚洲，成为世界性大国；倡导新型大国关系；从强调睦邻安邻的“等距离外交”转变为有奖有罚的“不等距外交”；前出第一岛链，走向深蓝，变成海陆兼备型国家；加速国防现代化建设；积极推进公共外交，展现中国魅力攻势；从参与到引领全球治理；等等。十八大以来中国外交的新理念、新特点、新变化，对中国和世界都具有重要意义，也为今后观察中国外交如何发展提供了一个有效的框架。因此，本书以十八大以来的中国外交为主题，有着十分丰富的理论和实践价值，值得深入思考和研究。

我对本书的框架、立意、思路等进行了统筹，撰写了第一章和“后记”，并指导了全书其他部分的写作。戴维来就写作过程中的一些具体事宜做了沟通协调工作。全书第 2 章至第 10 章分别由周鑫宇、熊李力、王浩、汪曙申、戴维来、康晓、董春岭、孙西辉和郭振家撰写。这几位青年学者思想活跃、功底扎实、训练有素，都是科研学术骨干，一起配合得很好。中国人民大学出版社领导对本书的选题和撰写工作给予了大力支持和热情鼓励，余盛编辑对本书的写作予以许多帮助支持。在此，谨致谢忱！

当前，我们处在一个不确定的世界当中。特别是随着英国脱欧、特朗普政府上台，欧美反全球化、保护主义思潮抬头，中东、亚太等热点地区地缘政治博弈加剧，一系列“黑天鹅事件”不断出现，国际关系中不稳定、不确定因素明显突出。尤其是中美关系处在一个相互调适的待确定期。中国外交面临着复杂多变的外部环境，需要加强深入研究，破解各种难题。这中间，有众多的话题可以讨论，有很多的议题可以关注。我们看到，中国外交是一个动态调整、持续发展的过程，没有终点和结论。随着形势的变化，为满足国内发展的需要，中国外交必然会与时俱进，不断充实新的内涵，呈现新的特点，取得新的成绩。当然，也会有更多的问题可以研究。一切理论都是灰色的，而现实是如此丰富。对于中国外交的观察和研究，我们只是进行了初步尝试，希望能有更多人关心、关注中国外交事业的发展。本书不足之处，欢迎广大读者朋友批评指正。

金灿荣

2017 年 6 月

“认识中国·了解中国”书系

中国智慧：十八大以来中国外交（中文版、英文版） 金灿荣
中国治理：东方大国的复兴之道（中文版、英文版） 燕继荣
中国声音：国际热点问题透视（中文版、英文版） 中国国际问题研究院
大国的责任（中文版、英文版） 金灿荣
中国的未来（中文版、英文版） 金灿荣
中国的抉择（中文版、英文版） 李景治
中国之路（中文版、英文版） 程天权
中国人的价值观（中文版、英文版） 宇文利
中国共产党就是这样成功的（中文版、英文版） 杨凤城
中国经济发展的轨迹 贺耀敏
当代中国人权保障 常　健
当代中国农村 孔祥智
教育与未来——中国教育改革之路（中文版、英文版） 周光礼　周　详
当代中国教育 顾明远
全球治理的中国担当 靳诺 等
中国道路能为世界贡献什么（中文版、英文版、俄文版、法文版、日文版） 韩庆祥　黄相怀
时代大潮和中国共产党（中文版、英文版、法文版、日文版） 李君如
社会主义核心价值观与中国文化国际传播 韩　震
我眼中的中韩关系 ［韩］金胜一
中国人的理想与信仰（中文版、英文版） 宇文利
改革开放与当代中国智库 朱旭峰
当代中国政治（中文版、英文版） 许耀桐
当代中国社会：基本制度和日常生活（中文版、英文版） 李路路　石磊 等

国际关注·中国声音（中文版、英文版）	本书编写组
中国大视野 2——国际热点问题透视	中国国际问题研究院
中国大视野——国际热点问题透视	中国国际问题研究所
中国新时代（中文版、英文版）	辛向阳
构建人类命运共同体（修订版）	陈岳　蒲俜
新时代中国声音	中国国际问题研究院
中国生态文明新时代	张云飞
当代中国扶贫（中文版、英文版）	汪三贵
当代中国行政改革	麻宝斌　郝瑞琪
当代中国文化的魅力	金元浦
城镇化进程中的中国伦理变迁	姚新中　王水涣
数字解读中国：中国发展坐标与发展成就（中文版、英文版）	贺耀敏
中国改革和中国共产党	李君如

图书在版编目（CIP）数据

中国智慧：十八大以来中国外交/金灿荣等著．—北京：中国人民大学出版社，2017.7
（“认识中国·了解中国”书系）
“十三五”国家重点出版物出版规划项目
ISBN 978-7-300-24572-0

Ⅰ.①中… Ⅱ.①金… Ⅲ.①外交-概况-中国 Ⅳ.①D82

中国版本图书馆 CIP 数据核字（2017）第 138651 号

“十三五”国家重点出版物出版规划项目
“认识中国·了解中国”书系
中国智慧：十八大以来中国外交
金灿荣 等 著
Zhongguo Zhihui：Shibada Yilai Zhongguo Waijiao

出版发行	中国人民大学出版社		
社　　址	北京中关村大街 31 号	**邮政编码**	100080
电　　话	010－62511242（总编室）		010－62511770（质管部）
	010－82501766（邮购部）		010－62514148（门市部）
	010－62515195（发行公司）		010－62515275（盗版举报）
网　　址	http://www.crup.com.cn		
经　　销	新华书店		
印　　刷	北京昌联印刷有限公司		
开　　本	720 mm×1000 mm　1/16	**版　　次**	2017 年 7 月第 1 版
印　　张	14.25	**印　　次**	2024 年 6 月第 7 次印刷
字　　数	180 000	**定　　价**	98.00 元